技術士第二次試験

「環境部門」専門科目

問題と対策

第4版

技術戦略ネットワーク 編著

日刊工業新聞社

はじめに

　技術士は、科学技術分野における最も権威ある国家資格として、技術士法で次のように定義されています。

　　「技術士」とは、第三十二条第一項の登録を受け、技術士の名称を用いて、科学技術（人文科学のみに係るものを除く。以下同じ。）に関する高等の専門的応用能力を必要とする事項についての計画、研究、設計、分析、試験、評価又はこれらに関する指導の業務（他の法律においてその業務を行うことが制限されている業務を除く。）を行う者をいう。

　つまり、技術士は国が認めた"科学技術に関する高度な知識と応用能力を有する技術者"といえます。また、産業分野によっては、業務を行うために必要な資格、業務を受注するための登録のために必要な資格であるなど、重要な公的資格と位置付けられています。

　環境分野においては、"気候変動、生物多様性の喪失をはじめとした地球環境問題"、"有害鳥獣問題"、"マイクロプラスチックによる海洋生態系への影響"などさまざまな問題に直面しています。

　このような状況下で、我が国は技術立国として持続可能な環境・経済・社会の実現のため、さまざまな課題に取り組んでいかなければなりません。
　今後、環境部門の技術者の役割と活躍の場は、一層広がり、大きな責任を担っていくとともに、環境部門の技術士の育成はこれまで以上に重要視されることとなるでしょう。

専門分野における基礎的な知識は第一次試験のみならず、第二次試験でも必要となっています。本書は、技術士の第一関門である“技術士第一次試験”の突破に向けて、環境部門の第一線で活躍する技術士が中心となって書き下ろした対策図書です。

　特に、日常業務に追われ、準備が思うようにできない受験者が多い中、重複傾向などから出題頻度の高い問題について、重要キーワードと併せて、過去問題を中心に学習し、理解いただけるよう構成しています。

　技術士試験に合格し、技術士として科学技術分野や産業部門に貢献すること、活躍することが目的です。技術士第一次試験は通過点に過ぎません。この本を手にしたみなさんはすでに第二次試験の準備が始まっているのです。本書は、技術士第一次試験の準備書ですが、みなさんに第二次試験を意識していただくことも目的としています。本書を有効に活用いただき、第一次試験、第二次試験へとステップアップしてください。みなさんが「技術士」として活躍いただけることを切に願っています。

　令和4年5月

技術戦略ネットワーク

環境部会一同

目　次

第 1 章

技術士試験の概要と
学習の進め方

1. 技術士試験の概要

（1）技術士

　技術士は、「技術士法第32条第1項の登録を受け、技術士の名称を用いて、科学技術に関する高等の専門的応用能力を必要とする事項についての計画、研究、設計、分析、試験、評価又はこれらに関する指導の業務を行う者」（技術士法第2条第1項）と定義されています。

　技術士の部門は、それぞれの技術分野ごとに設定されており、**表1.1**に示すとおり、全21部門に分かれています。

表1.1　技術士の21の技術部門

1. 機械部門	8. 資源工学部門	15. 経営工学部門
2. 船舶・海洋部門	9. 建設部門	16. 情報工学部門
3. 航空・宇宙部門	10. 上下水道部門	17. 応用理学部門
4. 電気電子部門	11. 衛生工学部門	18. 生物工学部門
5. 化学部門	12. 農業部門	19. 環境部門
6. 繊維部門	13. 森林部門	20. 原子力・放射線部門
7. 金属部門	14. 水産部門	21. 総合技術監理部門

（2）技術士になるには

　技術士を名乗るためには、"技術士第二次試験"に合格し、登録しなければなりません。技術士になるためには、大きく4つのステップを経る必要があり（**表1.2**）、技術士となっても継続研鑽が義務付けられています。**図1.1**と併せてご覧ください。指定された教育課程の修了者以外の方は、技術士第一次試験の合格が、技術士への第一歩となります。

　技術士試験、技術士制度に関する詳しい情報は、「公益社団法人日本技術士会」のウェブサイトで入手できますので、ご自身で参照してみてください。

表 1.2　技術士となるためのステップ

ステップ 1 修習技術者となる	修習技術者となるには、次の 2 通りがあります。 ・第一次試験に合格する（誰でも受験できます。一部免除科目あり）。 ・指定された教育課程を修了する。
ステップ 2 実務経験を積む	実務経験は、4 年または 7 年です。 ・4 年の場合、技術士補として登録し、技術士を補助して実務経験を取得する。 　または、職務上の監督者の下で実務経験を習得する。 ・7 年の場合、独自で実務経験を習得する。
ステップ 3	技術士第二次試験に合格し、"技術士" に登録する。
ステップ 4	技術士となったあとは、研鑽を続ける。

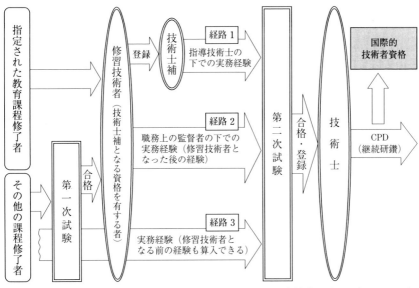

図 1.1　技術士登録の仕組み（公益社団法人日本技術士会より）

　公益社団法人日本技術士会のウェブサイト　https://www.engineer.or.jp/

　同ウェブサイトには、過去問題と正答、合格率などの詳細な情報も掲載されています。

（3）技術士第一次試験

　技術士第一次試験は、技術士となるために必要な科学技術全般にわたる基礎的学識、技術士法第 4 章の規定の遵守に関する適性、技術士補となるのに必要な技術部門についての専門的学識を有するかどうかを判定するとされています。

　試験レベルは、4 年制大学の自然科学系学部の専門教育課程修了程度とされています。

1）試験科目

　技術士第一次試験で実施される試験科目は、基礎科目、適性科目、専門科目の 3 科目です。いずれも 5 肢択一のマークシート方式で行われます。

● 基礎科目

　基礎科目は、科学技術全般にわたる基礎知識を問う問題が出題されます。出題内容は、「設計・計画に関するもの」、「情報・論理に関するもの」、「解析に関するもの」、「材料・化学・バイオに関するもの」、「環境・エネルギー・技術に関するもの」の 5 分野です。5 分野から出題され、各分野から指定の数を選択して、解答する形式となっています。試験時間は 1 時間です。

● 適性科目

　適性科目は、技術士法第 4 章（技術士等の義務）の規定の遵守に関する適性を問う問題が出題されます。試験時間は 1 時間です。

● 専門科目

　専門科目は、表 1.1 に示した技術部門のうち、総合技術監理部門を除いた全20 部門の中から、受験者があらかじめ選択した 1 技術部門に係る基礎知識及び専門知識を問う問題が出題されます。試験時間は 2 時間です。

　環境部門の専門科目については、次の 6 つが専門科目の範囲として明記されています。

・大気、水、土壌等の環境の保全

・地球環境の保全

・廃棄物等の物質循環の管理

・環境の状況の測定分析及び監視

・自然生態系及び風景の保全

・自然環境の再生・修復及び自然とのふれあい推進

2）合否決定基準

　技術士第一次試験の合否決定基準は、例年、基礎科目、適性科目、専門科目の各々の得点が50％以上であることとなっています（**表 1.3**）。

表 1.3　試験科目、合否決定基準、試験時間

科目	合否決定基準	試験時間
基礎科目	50％以上の得点	1時間
適性科目	50％以上の得点	1時間
専門科目	50％以上の得点	2時間

3）試験の日程

　技術士第一次試験の日程について、例として令和4年のものを**表 1.4**に示します。本書では試験要項等を省略していますが、受験に際しては、公益社団法人日本技術士会のウェブサイトに掲載される公式発表を必ず確認してください。

表 1.4　技術士第一次試験令和 4 年の日程

日　程	項　目
6月10日(金)〜6月29日(水)	受験申込書等の配布期間
6月16日(木)〜6月29日(水)	受験申込書の受付期間
11月27日(日)	筆記試験
令和5年2月	合格発表

2．学習の進め方

ここでは、専門科目に絞って、学習の進め方を解説します。

（1）過去問題を解いてみる

技術士第一次試験に向けて、まず取り組むべきことは、これまで行われてきた過去問題を1年分程度解いてみることです。

公益社団法人日本技術士会のウェブサイトでは、技術士第一次試験全部門の過去15年分の試験問題と正答を公開しています。この中から、環境部門の専門科目の過去問題を選び、解いてみてください。時事問題や法律の改正などの関係から、あまり古い過去問題は参考にならない出題が含まれている可能性もありますので、できるだけ新しい過去問題がよいでしょう。

過去問題を解いてみると、

・特に環境部門においては、日常業務や新聞報道など、普段、私たちが耳にしている用語が多く出題されている
・このため、一見すると簡単に解けそうに見えるが、あらためて問われるとある程度深い知識を問われている

といった点に気付くかと思われます。

過去問題を解くことによって、現時点である程度自信を持って解答できる分野、あるいは解答できそうな分野、一方で全く解答に自信がない分野などが見えてきます。

（2）得意分野で確実に得点する

技術士第一次試験では、高得点を取る必要はありません。技術士第一次試験

は、出題範囲が広い反面、合否決定基準は各科目それぞれで50％以上となっています。

　専門科目の解答方法は、35問題のうちから25問題を選択し、解答する形式です。

・25問/35問選択→ 10問はわからなくてよい
・25問のうち13問＝52％
　以上より、13問/35問正解すること→全問題の4割の理解度で合格

※出題数は変更になる場合があります。

　つまり、すべての問題に対して解答する必要はなく、（1）の段階で見えてきた「ある程度自信を持って解答できる分野」、「解答できそうな分野」から優先して選択して、確実に得点をすればよいのです。できない分野、不得意な分野、業務上携わらない分野の問題を選択しなくとも、十分合格点に達することができるのです。

　したがって、合格に向けては、得意分野から優先して確実な知識を効率良く得ることがポイントとなります。全く手を出さない分野があってもよいという割り切りも必要と思われます。

（3）本書を活用する

　まずは、過去2〜3年分の問題にご自身でチャレンジしてください。

　その後、6つのカテゴリー別に章立てされた問題と解説へ進んでください。それぞれの章では、"重複傾向が高い過去問題"、"重要度の高い過去問題"を優先してピックアップしています。

　ここでは、「なぜこの選択肢が正答で、そのほかが誤答なのか」を確実なものとしてください。出題は5肢択一式で、"不適切な記述を選ぶ"または"適切な記述（数値）を選ぶ"の2種類となっています。そのほとんどは、前者の"〜に関する次の記述のうち、最も不適切なものはどれか"の形式で出題されます。"不適切な記述を選ぶ"という出題では、正答以外の選択肢がなぜ適切なのかという理解が必要となります。

(4) キーワードで学習する

　技術士試験では、過去問題から得られたキーワードによる学習が有効です。短期間で効率的に理解を深めることができます。キーワードそのものの意味はもちろんですが、そのキーワードの周辺の知識も併せて得ることで、より広がりのある理解を得ることも可能となります。

　本書では、カテゴリーごとに過去に出題されたキーワードを抽出しています。環境分野で活躍するみなさんであれば、聞いたことのあるキーワードばかりだと思います。各カテゴリー別に主要なキーワードには解説を加えましたが、それ以外のキーワードもご自身で確認されることをおすすめします。

　そのほかに、過去問題をレビューするにあたっては、法律の改正、数値の変化については注意を要する点もあります。

第2章

技術士第一次試験
環境部門 専門科目
傾向と対策

1. カテゴリーごとの出題傾向と対策

技術士第一次試験の環境部門の専門科目の範囲は、以下のように公表されています。

- 大気、水、土壌等の環境の保全
- 地球環境の保全
- 廃棄物等の物質循環の管理
- 環境の状況の測定分析及び監視
- 自然生態系及び風景の保全
- 自然環境の再生・修復及び自然とのふれあい推進

基本的に6つのカテゴリーからの出題となりますが、それ以外の環境問題一般からの出題などもあります。

本書では、この6つのカテゴリーを基本として取り上げていきます。

（1）大気、水、土壌等の環境の保全

いわゆる "典型7公害" の汚染防止とその管理に関連する問題が出題されています。具体的には、水質汚濁、大気汚染、土壌汚染、騒音、振動、悪臭の順に関連した出題です（地盤沈下は近年の出題はありません）。その内容は、関連法規や基準の内容、規制物質の性状や特性、対策法などの一般的知識です。

頻度の高い出題としては、CODとBOD、大気の汚染に係る環境基準、土壌汚染対策などがあります。

本書では、それぞれの法規に関する概要、主な規制内容について、過去問題の解説上で述べていますので、これらと併せて理解するとよいでしょう。

（2）地球環境の保全

　地球環境問題に関する出題です。具体的には、気候変動（地球温暖化）、京都議定書、京都メカニズム、CO_2 削減に関する取組み、オゾン層に関する問題です。

　頻度の高い出題としては、気候変動に関する政府間パネル（IPCC）の調査報告書、京都議定書などがあります。

（3）廃棄物等の物質循環の管理

　廃棄物及びリサイクルに関する出題です。廃棄物処理法、排出者責任、各種リサイクル法など実務的な問題とともに、物質循環（物質フローなど）に関連する問題が出題されています。

　関連する法律（廃棄物処理法、各種リサイクル法）や制度と併せて理解するとよいでしょう。小型家電リサイクル法など、近年に施行された法規制もありますので、関連法規の最新の知識を習得しておく必要があります。

　また、下水汚泥に関する計算問題が形を変えて出題される傾向があり、計算方法を習得すれば確実な得点源になります。

（4）環境の状況の測定分析及び監視

　質量分析法、騒音・振動測定の方法、各種測定装置の概要、化学物質の管理に関する出題です。測定業務や分析業務に日常的に携わっている方にとってはやさしい問題と思われますが、そうでない方には難易度の高い問題といえるでしょう。

　頻度の高い出題としては、騒音レベルの測定、振動レベルの測定、低周波騒音問題などがあります。

（5）自然生態系及び風景の保全

　鳥獣被害対策、特定外来生物など生態系に関する近年の問題、植生調査や生物調査などの調査業務に関する知識を問う問題、自然公園制度とその関連法

規・規制、土地利用に関する出題です。関連法規の理解が必要となります。

（6）自然環境の再生・修復及び自然とのふれあい推進

　ランドスケープ、ミティゲーションなど自然環境の修復に関する出題、エコツーリズムなどの自然とのふれあいに関する取組みなどに関する出題、世界遺産に関する出題です。

　頻度の高い出題としては、里地里山、エコツーリズムがあり、この2つについては確実に理解を深めておくことをおすすめします。

2. 頻出キーワード

過去5年間の出題のうち、特に頻度の高いキーワードは次のとおりです。

これらのキーワードは、確実に理解を深めてください。

【大気、水、土壌等の環境の保全】

高	中
環境基準 化学的酸素要求量（COD）、生物化学的酸素要求量（BOD） 窒素酸化物（NOx）、硫黄酸化物（SOx）、一酸化炭素、二酸化硫黄、炭化水素 微小粒子状物質（PM2.5）	富栄養化 窒素、りん ノニルフェノール、直鎖アルキルベンゼンスルホン酸及びその塩 光化学オキシダント、光化学反応 光化学スモッグ 酸性雨 大気汚染防止法、特定物質、難溶 環境影響評価（法） 配慮書、方法書、準備書、評価書

【一般、化学物質、その他】

高	中
ライフサイクルアセスメント（LCA） ISO14001、環境マネジメントシステム	環境影響評価（法） 配慮書、方法書、準備書、評価書 残留性有機汚染物質（POPs）、残留性有機汚染物質に関するストックホルム条約（POPs条約） 水俣条約 水銀 四日市ぜんそく、水俣病、イタイイタイ病 PDCAサイクル 持続可能性報告書 グリーン購入法 化学物質対策 化学物質環境実態調査

【地球環境の保全】

高	中
オゾン層、オゾンホール モントリオール議定書、MOP22	気候変動（枠組み条約） 気候変動に関する政府間パネル（IPCC） 京都議定書、京都メカニズム クリーン開発メカニズム（CDM）、共同 実施（JI）、排出量取引 カーボンオフセット（制度） ゼロエミッション 二酸化炭素排出量に関する傾向 オゾン層保護のためのウィーン条約 特定フロン、ハロン、CFC、HCFC 三ふっ化窒素 砂漠化対処条約

【廃棄物等の物質循環の管理】

高	中
廃棄物処理法 一般廃棄物、事業系一般廃棄物 産業廃棄物、特別管理産業廃棄物 下水汚泥の処理（計算）	循環型社会形成推進基本計画 容器包装リサイクル法 家電リサイクル法 産業廃棄物、特別管理産業廃棄物

【環境の状況の測定分析及び監視】

高	中
ガスクロマトグラフ質量分析 液体クロマトグラフ質量分析	JIS C1509-1：2005（電気音響−サウン ドレベルメータ（騒音計）−第1部：仕様） JIS Z873-1999　環境騒音の表示・測定 方法 騒音レベル、等価騒音レベル 低周波音問題、低周波音問題対応の手引 書 JIS Z8735-981（振動レベル測定方法） JIS C1510-1995（振動レベル計） 振動レベル計 排出ガス中の水銀測定法 二重測定

【自然生態系及び風景の保全】

高	中
外来生物、外来生物問題 レッドリスト、レッドデータブック 絶滅危惧I類（A類、B類）、絶滅危惧II類、準絶滅危惧 国立公園、国定公園、国立公園法 原生自然環境保全地域、自然環境保全地域 生息地等保護区、国指定鳥獣保護区 ラムサール条約、ラムサール条約湿地	鳥獣被害防止対策 外来種被害防止行動計画・生物多様性 生物多様性条約 鳥獣保護法、鳥獣被害防止特措 ワシントン条約 サバナ 針葉樹林、硬葉樹林、夏緑樹林、熱帯多雨林、サバンナ、照葉樹林 二次遷移、偏向遷移 撹乱 パッチダイナミクス 海浜公園地区、利用調整地区、集団施設地区 生態系維持回復地業 風景地保護協定 自然公園法、自然公園法施行規則11条 自然環境保全法

【自然環境の再生・修復及び自然とのふれあい推進】

高	中
エコツーリズム、エコツーリズム推進法	ランドスケープ、 エコトープ、フィジオトープ、バイオトープ エコトーン、移行帯 島の生物群集に関する種数平衡モデル 世界遺産

　そのほか、CSR、SDGs、ISO26000、CO_2 排出量の状況、地球環境問題、循環型社会などの重要キーワードがありますが、基礎科目での出題の可能性も高いので、併せて学習することをおすすめします。

　次ページの**表 2.1** は、平成 27 年度から令和 3 年度の過去 7 年間に出題された全問題に関するキーワードを一覧にまとめたものです。キーワードをすべて理解する必要はありません。傾向を見るとともに、学習を深めるヒントとして活用してください。

表 2.1　過去 7 年間の環境部門専門科目のキーワード一覧

区分	キーワード	重複	H27	H28	H29	H30	R1	R1(再)	R2	R3
大気、水、土壌等の環境の保全										
水、水質	分子量							1		
	同族列水素化合物							1		
	蒸発熱							1		
	熱容量							1		
	誘電率							1		
	化学的酸素要求量（COD）、生物化学的酸素要求量（BOD）	高	2	1, 16	3	3, 4	6	7	5	5
	BOD 除去率			19			8			
	全有機炭素（TOC）				3		6			
	過マンガン酸カリウム消費量				3					
	過マンガン酸カリウムによる酸性高温過マンガン酸法（COD_Mn)									
	好気性微生物									
	嫌気性分解									
	溶存酸素量				14					
	富栄養化				14		5			
	貧酸素水塊						5			
	成層化				14					
	栄養塩類				14					
	ノニルフェノール、直鎖アルキルベンゼンスルホン酸およびその塩				18					
	環境基準	高		1	1	3, 4		7, 20	5	5
	1,4-ジオキサン									
	全窒素および全りん	中	16	16				20	5	
	フミン質									
	トリハロメタン									
	内部生産									
	硝酸性窒素									
	健全な水循環系									
	水質汚濁防止法、下水道法、浄化槽法	中				3	5, 6		6	
	水質汚濁防止法　特定施設								21	
	総量削減基本方針　水質総量削減制度						5			
	湖沼水質保全特別措置法						6	6		

> 重複傾向については、法改正やトレンド、環境問題そのものの変化があるため、H 24-28 の 5 年間を考慮しています。

※表中の数字 1〜35 は問題番号です。

区分	キーワード	重複	H27	H28	H29	H30	R1	R1 (再)	R2	R3
水処理、排水処理	水活性炭吸着法、オゾン酸化法、膜分離法									
	合流式下水道									
	浄化槽法								6	
	合併処理浄化槽、単独処理浄化槽									
	アルカリ塩素法によるシアン処理	3						8		
大気	大気窒素酸化物（NOx）、硫黄酸化物（SOx）、一酸化窒素、二酸化硫黄、炭化水素	高		2	19	7, 19	2, 3	4	1	
	光化学オキシダント、光化学反応	中			19	5	2, 3		4	
	光化学スモッグ	中			20	5			4	
	揮発性有機化合物（VOC）						2			
	酸性雨									
	自動車 NOx・PM 法									
	低公害車									
	次世代自動車			.			3			
	微小粒子状物質（PM2.5）	高	12	2	17	15		13	2, 3, 16	16
	理論酸素量、理論燃焼ガス量						1			
	大気汚染防止法、特定物質、難溶	中		13		19			1	
	ばい煙			13					1	
	浮遊粒子状物質（SPM）			2					1, 2	
	黄砂								2	
	ダイオキシン類対策特別措置法									
悪臭	悪臭防止法	中					21	23		17
	臭気指数						21			17
	三点比較式臭袋法						21			
	特定悪臭物質の測定方法	中				17		23		17
	JISK0099：2004 排ガス中のアンモニア分析方法					17				
土壌	土壌汚染対策、土壌汚染対策法									
	土壌環境基準、分析測定	中			7		23		22	
	要措置区域									
	形質変更時届出区域									

区分	キーワード	重複	H27	H28	H29	H30	R1	R1 (再)	R2	R3
土壌	重金属、農薬、揮発性有機化合物									
	化学処理、生物学処理									
環境影響評価	環境影響評価法、環境影響評価	高	15	15		2	7	5	8	7
	配慮書、方法書、準備書、評価書	高	15	15			7	5	8	7
その他	残留性有機汚染物質（POPs）	中			9	22	19		17	
	残留性有機汚染物質に関するストックホルム条約（POPs 条約）	中			9	22	19	3	17	
	水俣条約	中	10		9	11		3		
	水銀	中		12		5, 11				
国内の環境問題	四日市ぜんそく、水俣病、イタイイタイ病					5				4
環境管理分析	ライフサイクルアセスメント（LCA）	中		14	16	1				
	PDCA サイクル			14						
	持続可能性報告書			14						
	ISO14001、環境マネジメントシステム	中		14	16	1				
	グリーン購入法			14						
	内包エネルギー				16					
	表明選考法、顕示選考法				16					
	企業の社会的責任（CSR）					1				
	環境報告書					1				
	環境ラベル					1				
化学反応	理論量									8
地球環境の保全										
地球温暖化	気候変動	中				23, 15		9		
	気候変動枠組み条約	中	23	22						
	世界気象機関（WMO）									
	気候変動に関する政府間パネル（IPCC）	中	20		23					1
	京都議定書	中	23	22						

区分	キーワード	重複	H27	H28	H29	H30	R1	R1(再)	R2	R3
地球温暖化	京都メカニズム、クリーン開発メカニズム（CDM）、共同実施（JI）、排出量取引	中	23	22						
	カーボンオフセット、カーボンフットプリント制度	中	22	22						
	気候変動適応計画								28	
	ゼロ・エミッション	中	22	22						
	国内の温室効果ガス排出量								10	2
	二酸化炭素排出量に関する傾向（国、家庭、家電製品）	中		20	15					2
	二酸化炭素平均濃度の推移	中			15		4	9		
	二酸化炭素の全球平均濃度						4			
	フロン類の大気中濃度の傾向									2
	家庭における地球温暖化対策		13							
	低炭素、脱炭素社会									3
	カーボンニュートラル等技術 BECCS、CCS、FCV、JCM、ZEB									3
	日本の気候変動									10
オゾン層、フロン	オゾン、オゾン層、オゾンホール	高	1,21	21	15	6	9	2		
	モントリオール議定書、MOP22	高	23	20,22	15		9			
	オゾン層保護のためのウィーン条約	中	23	22				3		
	特定フロン、ハロン、CFC、HCFC			20	15					
	三ふっ化窒素			20	15					
	フロン類の破壊施設		1					2		
エネルギー	一次エネルギー、二次エネルギー									
	省エネ法									
	特定事業者、特定連鎖化事業者									
	エコポイント制度									
	再生可能エネルギー									
大気の構造と循環	対流圏					6				
	ハドレー循環、フェレル循環									
	地球観測衛星								14	
越境汚染	酸性雨					7				

区分	キーワード	重複	H27	H28	H29	H30	R1	R1 (再)	R2	R3
越境汚染	東アジア酸性雨モニタリングネットワーク（EANET）									
	越境大気汚染問題		11							
	南極条約議定書			32						
	バーゼル条約							3		
プラスチックごみ	海洋ごみ、プラスチックとその定性分析							20		21
	海洋プラスチックごみ、プラスチックごみ									6
その他	ヒートアイランド現象	中				9	11		32	
	砂漠化対処条約		23	22						
	持続可能な開発目標 SDGs								9	
廃棄物等の物質循環の管理										
廃棄物、廃棄物処理法	廃廃棄物処理法	中	18	18		12		12		
	一般廃棄物、事業系一般廃棄物、排出・処理状況	高	18	18	24	10, 12	10	11, 12	12	12
	産業廃棄物、特別管理産業廃棄物、排出・処理状況	高	18	8, 18		12	12	12	11	11
	感染性産業廃棄物、特定有害産業廃棄物									
	特別管理一般廃棄物									
	廃棄物の中間処理									
	下水汚泥の量、処理の計算（下水処理場関連）	中	17	17		8			7	
	PCB 特措法									
	PCB 分解方法			9						
	産業廃棄物最終処分場		19							
	ごみ焼却施設での発電の状況				24			11		
リサイクル、リサイクル法	循環型社会形成推進基本法			18				10		
	循環型社会形成推進基本計画	中			21			10		9
	資源有効利用促進法			11						
	容器包装リサイクル法		18	10						
	家電リサイクル法			10, 11						
	建設リサイクル法			10						
	食品リサイクル法			10						
	自動車リサイクル法			10						

区分	キーワード	重複	H27	H28	H29	H30	R1	R1 (再)	R2	R3
リサイクル、リサイクル法	発生抑制、再生利用、再使用熱回収（サーマルリサイクル）			11						
	ボトル to ボトル									
	物質フロー							10		
	隠れたフロー									
	関与物質送料（TMR）									
	メタン発酵、バイオガス				22					
	バイオマス				22					
	コンポスト化				22					
	非金属鉱物系（土石系）循環資源									
	バイオマス系循環資源				22					
	資源生産性									
	循環利用率									
環境の状況の測定分析及び監視										
計測	JIS Z8103：2000（計測用語）、真の値、かたより、ばらつき、不確かさ、精度									
騒音、騒音測定	JIS C1509-1：2005（電気音響-サウンドレベルメータ（騒音計)-第1部：仕様)				8					
	JIS Z8731 環境騒音の表示・測定方法	中	4	3			22			
	騒音レベル、等価騒音レベル				8				23	
	単発騒音暴露レベル									
	騒音規制法								23	
	指定地域									
	特定施設									
	特定建設作業									
	低周波音問題、低周波音問題対応の手引書	中	7					22		19
	道路交通騒音予測モデル									
	JIS Z8735-1981（振動レベル測定方法)	中	6					21		
	JIS C1510-1995、振動レベル計	中	5						24	
	振動レベル								24	
	振動規制法								24	
	指定地域									
	特定建設作業									

区分	キーワード	重複	H27	H28	H29	H30	R1	R1 (再)	R2	R3
分析、質量分析法	ガスクロマトグラフ質量分析	高	8		1, 6, 11, 12		17	15, 16, 17	14, 18	13
	液体クロマトグラフ質量分析	高	8		1、6	20	17	16	14, 18	13
	高速液体クロマトグラフ	中						15	14	13, 23
	イオン化法									
	コールドオンカラム注入法				11			17		
	イオンクロマトグラフ法	中				16	16		15, 16	13
	溶媒抽出ガスクロマトグラフ法									
	イオン化干渉、スペクトル干渉									
	四重極型 ICP 質量分析法、ICP 質量分析法	中	9				13	15		
	フレーム原子吸光分析法				4				15	
	質量分析計	中				20		15, 16		
	高分解能ガスクロマトグラフ質量分析計									
	蛍光 X 線分析	中						15	14	13
	吸光光度法、イオン電極法				7		15			
	紫外吸光光度法						15	20		
	紫外線吸収法									15
	窒素酸化物のフェノールジスルホン酸吸光光度法									
	紫外線蛍光法									
	カドミウムの ICP 発光分析法									
	サイズ排除クロマトグラフィー									23
	捕集法									
	溶液導電率法									
	固相抽出法						14			
	ベンゼン等揮発性有機化合物 (VOCs)									
	JIS Q17025　試験所及び校正機関の能力に関する一般要求事項									
	有機汚染物質の捕集・分析				7					
	石綿にかかわる特定粉じんの濃度の測定法　アスベストモニタリングマニュアル								19	

区分	キーワード	重複	H27	H28	H29	H30	R1	R1 (再)	R2	R3
分析、質量分析法	ダイオキシン類等の分析 JISK0311、JISK0312	中			12			18	20	
	クリーンアップスパイク、シリンジスパイク									
	産業廃棄物に含まれる金属等の検定方法				1					18
	排出ガス中の水銀測定法				5	13				
	JISK0211：2013 分析科学用語（基礎部門）					14				
	JISK0050 化学分析方法通則								14	
	底質調査方法					18				20
	化学物質環境実態調査、初期環境調査、詳細環境調査、モニタリング調査								19	
	JIS K0102　工場排水試験方法	中			11		16	17		
	水質汚濁防止法に基づく水質調査方法								21	
	土壌汚染調査、土壌ガス採取方法、分析方法								22	
	ランタンーアリザリンコンプレキソン吸光光度法						16	16		
	内標準物質			6					13	
	サロゲート物質			6					13	
	二重測定	中		6	10				13	
	土壌含有量調査									
	分析精度管理						18		13	
	SI 単位系			4						14
化管法、化学物質排出把握管理促進法、PRTR法	第一種指定化学物質				9					
	ペルフルオロ（PFOS）又はその塩　PFOS、PFOA						19		17	24
	難分解性									
	化学物質対策	中	14		9					22
	化学物質環境実態調査	中		5	10					22
	日用品に含まれる化学物質					23				
	損失余命				16					
環境リスク評価	暴露解析、暴露評価				13					
	不確実性係数				13					

区分	キーワード	重複	H27	H28	H29	H30	R1	R1(再)	R2	R3
自然生態系及び風景の保全										
生物、生態系	ヘアトラップ、ロードキル、ラジオトラッキング、ディアライン、スポットライトセンサス									
	鳥獣被害防止対策		26				25			
	外来生物、外来種、特定外来生物	高	33			27,31		27		35
	外来種被害防止行動計画		27			27				
	外来種被害予防三原則					27		27		
	特定外来生物による生態系等に係る被害の防止に関する法律	中				27	33	27,33		
	日本の生物相									
	ブラキストン線									
	アルファ多様性									
	生態的指標種、キーストーン種、アンブレラ種、象徴種、希少種		31						31	
	生物群集の解析方法									
	地球温暖化による生物、植物の分布の影響									
	生態系と活用した防災・減災	中		27			31			25
	生物多様性	中		37		34,35	30	26		
	リベット仮説						30			
	カタストロフィックシフト						30			
	生息地適正指数（HIS）、生息地評価手続き（HEP）				31					
	ギャップ分析				31		31			
	個体群存続可能性分析				31		30			
	メタ個体群				31					
	種の保存法	中				26	33			28
	鳥獣保護法、鳥獣被害防止特措法	中	33		28		25			
	地域自然資産法						26			
	動物愛護管理法									
	自然環境保全法						33			
	カルタヘナ法							33		
	COP10、名古屋議定書									
	生物多様性国家戦略		27							
	生物多様性基本法					34		33		

区分	キーワード	重複	H27	H28	H29	H30	R1	R1 (再)	R2	R3
生物、生態系	生物多様性条約	中		32	32		35			
	愛知目標		33							
	ユネスコエコパーク		33							
	生物多様性情報クリアリングハウスメカニズム（CHM）									
	生物分類学イニシアチブ									
	地球規模生物多様性情報機構（GBIF）									
	ワシントン条約	中		32	32		35			
	南極条約議定書						35			
	地球の限界（プラネタリーバウンダリー）						34			
	生物多様性及び生態系サービス								35	34
	都市的な環境の生態的特性									32
絶滅危惧	レッドリスト、レッドデータブック	高	35	23, 32	26	26		25	26	28, 30
	絶滅危惧Ⅰ類（A類、B類）、絶滅危惧Ⅱ類、準絶滅危惧	高	35	23, 32	26	26		25	26	28, 31
生物調査法	標識再捕法									
	フィールドサイン法									
	ラインセンサス法									
	ライトトラップ法									
	ツルグレン法									
	LiDAR技術				30					
	環境DNA技術				30					
	バイオロギング技術				30					
植物、植性	植生調査							32		
	ブロン-ブロンケの全推定法									
	種数-面積曲線			31						
	ツンドラ			28						
	サバナ			28						
	針葉樹林、硬葉樹林、夏緑樹林、熱帯多雨林、サバンナ、照葉樹林			28						
	自然植生、原植生、原始植生、代償植生		30					28		
	終局相、安定相		30							
	日本の植生分布									29
	遷移、二次遷移、偏向遷移	中	29	28		30	28			

区分	キーワード	重複	H27	H28	H29	H30	R1	R1 (再)	R2	R3
植物、植性	アルファ多様性			29						
	退行遷移			29						
	生態的同位種			29						
	自律遷移			29						
	植生自然度			30					31	
	攪乱		29			30				
	類似度指数		28							
	パッチダイナミクス		29			30				
	日本の植物区系、固有植物				29					
	草地・草原					28		28		
	湿原					28				
風景	東日本大震災関連の施策「三陸復興国立公園」「東北太平洋岸自然歩道（みちのく潮風トレイル）」							27		
	長距離自然歩道							27		
自然公園制度、自然環境保全制度	海域公園地区、利用調整地区、集団施設地区			35						
	特別保護地区									
	生態系維持回復地業			35						
	風景地保護協定			35						
	自然公園法、自然公園法施行規則11条	高			33	33	26, 33	24	33, 34	26, 33
	自然公園における法面緑化指針			26						
	自然環境保全法	中	32			32		24		27
	国立公園、国定公園、国立公園法	高	24	22, 34	25, 33	24, 25, 33	24, 26, 32	24	33	26, 33
	原生自然環境保全地域、自然環境保全地域	高	24	22, 34		24	24, 32			27
	生息地等保護区、国指定鳥獣保護区	中	24	22, 34		24	24, 32			
	鳥獣保護区			34			32			
	ラムサール条約ラムサール条約湿地	高	24	22, 31	32, 34	24	24, 35	35		
	グリーンワーカー									
	世界遺産条約						35			
	世界自然遺産地域				34			35		

区分	キーワード	重複	H27	H28	H29	H30	R1	R1(再)	R2	R3
自然公園制度、自然環境保全制度	生物圏保存地域（ユネスコパーク）				34			35		
	世界農業遺産				34			35		
	グリーン・サポート・スタッフ（森林保護員）									
	アクティブ・レンジャー									
自然環境保全基礎	自然環境保全法							32		27
	自然環境保全基礎調査							32		
	干潟・藻場・サンゴ礁分布調査	中		32						
	重要生態系監視地域モニタリング事業									
	哺乳類分布									
	過去（江戸時代）における鳥獣分布調査									
	森林面積			33						
その他	都市緑地法									
	特別緑地保全地区									
	都市域の線的な緑地							31		
	都市公園							31		
	緑の基本計画							31		
自然環境の再生・修復及び自然とのふれあい事業										
自然環境の再生・修復	自然再生推進法				35				27	
	ランドスケープ			31				30		
	エコトープ、フィジオトープ、バイオトープ	中		31			29	30		
	エコトーン、移行帯			31				30		
	エッジ効果							30	30	
	コリドー							30	29	
	コアエリア								29	
	バッファーゾーン								29	
	エコロジカルネットワーク								29	
	島の生物群集に関する種数平衡モデル			31				30		
	近自然工法									

区分	キーワード	重複	H27	H28	H29	H30	R1	R1 (再)	R2	R3
自然環境の再 生・修復	ミティゲーション									
	回避、最小化、軽減、代償									
	生態系を活用した防災・減災									25
自然とのふれあ い、その他	エコツーリズム、エコツーリズ ム推進法	中	25		27	34		33		
	ESD									
	里地里山									
	ユニバーサルデザイン									
	世界遺産		34	31						

第3章

大気、水、土壌等の
環境の保全

1．問題と解説

（1）水質

Ⅲ－1

　我が国が定める水質汚濁に係る環境基準である「生活環境の保全に関する環境基準」の中に、化学的酸素要求量（COD）がある。この基準におけるCODは水試料に反応試薬を加え、沸騰水浴中で30分間反応させ、そのとき消費した反応試薬の量を求め、相当する酸素の量に換算して表す。次の物資のうち、反応試薬として最も適切なものはどれか。

① 過酸化水素

② 塩素酸カリウム

③ 塩酸

④ シュウ酸カリウム

⑤ 過マンガン酸カリウム

（平成28年度出題）

【解説】

　①～④（×）不適切です。いずれの物質もCOD測定の反応試薬としては用いられません。

　⑤（○）適切。CODは湖沼や海域における環境基準の指標で、数値が高いほど水質汚濁量が多いことを示します。設問の記述は、日本におけるCOD測定の法定試験（JIS K 0102工場排水試験方法）の内容を示したもので、反応試

薬として過マンガン酸カリウムを用います。

【解答】⑤

【キーワード】生活環境の保全に関する環境基準、化学的酸素要求量（COD）

Ⅲ-16

水環境に関する次の記述のうち、最も不適切なものはどれか。

① BOD（生物化学的酸素要求量）は、有機化合物が好気条件下で微生物により分解されるときに消費される酸素量であり、有機化合物以外の共存物質の影響を全く受けない。

② フミン質は、植物体が分解して生じた有機物であるが、消毒のために用いられる塩素と反応してトリハロメタンを生成することが知られている。

③ 下水処理水などを再利用する場合、残留する微量汚染物質を除去したいときに、活性炭吸着法、オゾン酸化法や膜分離法などの技術が用いられている。

④ 水質汚濁物質としての窒素は様々な化学形態をとるが、環境基準項目となっている全窒素（T-N）は、全窒素化合物を硝酸イオンに変えて測定したものである。

⑤ 湖沼や内湾部では外から有機汚濁物質が流入しなくても内部で有機物を生産することがあり、これを内部生産という。

（平成 25 年度出題）

【解説】

① （×）不適切。BOD（Biochemical Oxygen Demand；生物化学的酸素要求量）は、一般的な水質の指標で排出水などの規制値にもなっています。BOD は、水中にある有機物を分解するときに微生物が必要（消費する）とす

る酸素の量です。その測定値は、微生物や溶存酸素量などの影響を受けます。測定値の主な酸素消費の要因は有機化合物のほか、硝化細菌によるアンモニア、亜硝酸の分解、硫化物などの還元性物質などによる化学的酸化です。したがって、"有機化合物以外の共存物質の影響を全く受けない"の記述が誤りです。河川では BOD を指標とし、湖沼・海域では COD（Chemical Oxygen Demand；化学的酸素要求量）を指標とします。COD は、水中に存在する"非酸化性物質"を酸化するのに必要な酸素量です。

　②（○）適切。フミン質は植物体が分解して生じた有機物（腐植物質）です。トリハロメタンは、フミン質と塩素が反応して生成され、一定の毒性（肝障害や腎障害の原因）を持っているので、その量は水道水の基準として定められています。

　③（○）適切。活性炭は、微細な孔を有しており、汚染物質などを吸着します。オゾン酸化法、膜分離法は、いずれも高度処理に関する技術です。

　④（○）適切。環境基準は、水素イオン（pH）、BOD–河川、COD–湖沼・海域、SS（浮遊物質量）、DO（溶存酸素量）、大腸菌数の指標のほか、さまざまな物質の量が定められています。全窒素（T–N）は、その１つです。なお、令和４年４月１日より大腸菌群数は生活環境項目環境基準から削除され、新たに大腸菌数が追加されましたので注意が必要です。環境省ウェブサイト「水質汚濁に係る環境基準の見直しについて」（http://www.env.go.jp/press/110052.html）。

　⑤（○）適切。内部生産は、微生物（プランクトンなど）の増加によるものです。窒素、リンなどの栄養塩類が原因です。

【解答】①

【キーワード】化学的酸素要求量（COD）、生物化学的酸素要求量（BOD）、窒素、リン、フミン質、トリハロメタン、内部生産

Ⅳ-4

BOD、COD に関する次の記述のうち、最も不適切なものはどれか。

① BOD とは水中の好気性微生物の増殖あるいは呼吸作用によって消費される溶存酸素量のことである。
② 排水中の BOD、COD はともに放流された水域における溶存酸素量を示すものである。
③ BOD、COD は有機物による汚濁を知るうえの目安とされる。
④ 河川の環境基準は BOD で定められている。
⑤ 海域の環境基準は COD で定められている。

(平成 24 年度出題)

【解説】

① (○) 適切。好気性微生物によって、腐敗や汚染の原因となる有機物を分解します。この好気性微生物が有機物を分解するために必要とする酸素量が BOD です。したがって、BOD が高いほど有機物が多く、汚染度が高いといえます。

② (×) 不適切。BOD、COD ともに溶存酸素量 (DO) そのものを示すものではありません。BOD は生物化学的酸素要求量、COD は化学的酸素要求量です。溶存酸素量は、大気中から水に溶け込んでいる酸素量のことで、数値が大きいほど良好な水質といえます。

③ (○) 適切。記述のとおりです。

④ (○) 適切。河川では BOD を環境基準の指標とします。

⑤ (○) 適切。湖沼・海域では COD を環境基準の指標とします。

【解答】 ②

【キーワード】化学的酸素要求量 (COD)、生物化学的酸素要求量 (BOD)、好気性微生物、溶存酸素量

Ⅲ-3

　水質汚濁防止法の排水基準として定められていない項目は、次のうちどれか。

① 生物化学的酸素要求量（BOD）

② 水素イオン濃度（pH）

③ 浮遊物質量（SS）

④ 溶存酸素量（DO）

⑤ 大腸菌群数

（平成30年度出題）

【解説】

　①～③、⑤（〇）適切。記述のとおりです。

　④（×）不適切。排水基準については環境省令で定められており、環境省ウェブサイト「一律排水基準」（https://www.env.go.jp/water/impure/haisui.html）で公開されています。排水基準には、"有害物質を含む水の排水基準"と"その他の項目（生活環境項目）"があります。設問の内容は、"その他の項目（生活環境項目）"であり、以下が、項目と規制値です。溶存酸素量（DO）は、含まれていません。

一律排水基準　■その他の項目

項目		許容限度
水素イオン濃度（水素指数）（pH）	海域以外の公共用水域に排出されるもの	5.8以上8.6以下
	海域に排出されるもの	5.0以上9.0以下
生物化学的酸素要求量（BOD）		160mg/L （日間平均120mg/L）
化学的酸素要求量（COD）		160mg/L （日間平均120mg/L）

浮遊物質量（SS）	200mg/L （日間平均150mg/L）
ノルマルヘキサン抽出物質含有量（鉱油類含有量）	5mg/L
ノルマルヘキサン抽出物質含有量（動植物油脂類含有量）	30mg/L
フェノール類含有量	5mg/L
銅含有量	3mg/L
亜鉛含有量	2mg/L
溶解性鉄含有量	10mg/L
溶解性マンガン含有量	10mg/L
クロム含有量	2mg/L
大腸菌群数	日間平均3000個/cm^3
窒素含有量	120mg/L （日間平均60mg/L）
燐含有量	16mg/L （日間平均8mg/L）

　なお、溶存酸素量は、「水質汚濁に係る環境基準」（https://www.env.go.jp/kijun/mizu.html）においては、"含まれて"いますので、混同しないよう注意が必要です。

　有害物質は、カドミウム及びその化合物、シアン化合物ほか多くの物質について、規制値が定められています。

【解答】④

【キーワード】排水基準、BOD、COD、pH、SS、DO、大腸菌群数

Ⅲ－7

　「水質汚濁に係る環境基準（水質環境基準）」に関する次の記述のうち、最も不適切なものはどれか。

①　人の健康の保護に関する環境基準の公共用水域における達成率は、

2017 年度において 99.2 ％と、ほとんどの地点で環境基準を満たしている。

② 人の健康の保護に関する環境基準項目の中でふっ素及びよう素については海域には適用されない。

③ 生活環境の保全に関する環境基準のうち、有機汚濁の指標として BOD が河川に、COD が湖沼及び海域に適用される。

④ 生活環境の保全に関する環境基準のうち、有機汚濁の代表的な水質指標である BOD 又は COD の 2017 年度の河川、湖沼、海域での水域別の環境基準達成率を比較すると、湖沼の達成率が依然として低くなっている。

⑤ 生活環境の保全に関する環境基準のうち、全窒素及び全りんの 2017 年度の湖沼と海域での水域別の環境基準達成率を比較すると、湖沼の達成率が依然として低くなっている。

(令和元年度(再)出題)

【解説】

平成 26 年度の出題「Ⅲ－16」と平成 28 年度の出題「Ⅲ－16」が類似問題です。

① (○) 適切。環境省ウェブサイト「平成 25 年度公共用水域水質測定結果について (お知らせ)」(https://www.env.go.jp/press/100108.html) では、"27 項目の環境基準達成率は 99.2 ％ (前年度 99.0 ％) と、ほとんどの地点で環境基準を達成した" と報告されています。

② (×) 不適切。"よう素" の記述が誤りです。人の健康の保護に関する環境基準では、ふっ素、ほう素は基準値が定められていますが、海域には適用されません。海域では、全窒素、全りん、全亜鉛、ノンフェノール、直鎖アルキルベンゼンスルホン酸及びその塩の基準値が設けられています。

③ (○) 適切。COD は湖沼及び海域に、BOD は河川に適用されます。

④ (○) 適切。湖沼の達成率は依然として低い状況が続いています。

⑤（○）適切。全窒素、全りんともに海域と比較して、湖沼での達成率は低い状況が続いています。

【解答】②

【キーワード】水質汚濁に係る環境基準、BOD、COD

Ⅲ－4

「水質汚濁に係る環境基準（水質環境基準）」に関する次の記述のうち、最も不適切なものはどれか。

① 水質環境基準には、人の健康の保護に関する環境基準（健康項目）と生活環境の保全に関する環境基準（生活環境項目）の2種類がある。
② 水生生物の保全に係る環境基準は、生活環境項目に位置付けられている。
③ 生活環境項目の水域類型の指定は、当該水域の利用目的及び将来の利用目的などに配慮して行われる。
④ 健康項目の基準値はすべて年間平均値であり、全公共用水域に一律に適用される。
⑤ BOD又はCODについては、類型指定水域の水質を代表する地点として設定された環境基準点のすべてにおいて、年間の日間平均値の75％水質値が環境基準を満足する場合に、当該類型指定水域で環境基準が達成されたものと評価する。

（平成30年度出題）

【解説】

「水質汚濁に係る環境基準（水質環境基準）」については、環境省ウェブサイト（https://www.env.go.jp/kijun/mizu.html）で公開されています。

① （○）適切。健康項目は、有害物質（カドミウム、シアン、鉛、ヒ素など）

について、基準値が定められ、生活環境項目は、水素イオン濃度（pH）、生物化学的酸素要求量（BOD）、化学的酸素要求量（COD）、浮遊物質量（SS）、溶存酸素量（DO）、大腸菌数などが定められています。なお、令和４年４月１日より大腸菌群数は生活環境項目環境基準から削除され、新たに大腸菌数が追加されましたので注意が必要です。環境省ウェブサイト「水質汚濁に係る環境基準の見直しについて」（http://www.env.go.jp/press/110052.html）。

　②（○）適切。記述のとおりです。

　③（○）適切。"ア　水質汚濁に係る公害が著しくなっており、又は著しくなるおそれのある水域を優先すること。""イ　当該水域における水質汚濁の状況、水質汚濁源の立地状況等を勘案すること。"など、ア～オの５項目が配慮されています。

　④（×）不適切。"すべて年間平均値""全公共用水域に一律に適用される"の記述が誤りです。前述ウェブサイトの「水質環境基準」では、次のように説明されています。

> ・基準値は年間平均値とする。ただし、全シアンに係る基準値については、最高値とする。
> ・海域については、ふっ素及びほう素の基準値は適用しない。

　⑤（○）適切。「環境基本法に基づく環境基準の水域類型の指定及び水質汚濁防止法に基づく常時監視等の処理基準について（公布日：平成13年５月31日　環水企92号）」として、環境省ウェブサイト（http://www.env.go.jp/hourei/05/000056.html）で公開されています。

　なお、75％水質値は、次のように定義されています。

> 年間の日間平均値の全データをその値の小さいものから順に並べ0.75×n番目（nは日間平均値のデータ数）のデータ値をもって75％水質値とする。

【解答】④

【キーワード】水質汚濁に係る環境基準、BOD、COD、pH、SS、DO

Ⅲ-8

　ある河川にA工場の排水が放流されている。放流地点の上流における河川流量は 100,000m³/日、BOD 濃度は 1mg/L であり、A工場の排出量は 10,000m³/日、BOD 濃度は 100mg/L である。放流地点の直下流における河川の BOD 濃度を 2mg/L 以下のするために、A工場において排水処理を行うとすると、BOD 除去率は最低限いくらにすべきか、次のうち最も適切なものはどれか。

　ただし、排水処理施設において排水量は変化せず、放流地点において河川水と工場排水は完全に混合されるものとする。

① 92 %　　② 90 %　　③ 88 %　　④ 84 %　　⑤ 80 %

（令和元年度出題）

【解説】

　平成 20 年度の出題「Ⅳ-13」と平成 28 年度の出題「Ⅲ-19」が類似問題です。

　まず BOD に基づく汚濁負荷量を計算します。汚濁負荷量とは、水質を汚濁する物質の総量をいい、主として BOD、COD、SS の 1 日当たりのトン数で表されます。

　　汚濁負荷量＝水質（汚濁濃度）×水量（排出流量）によって算出されます。

　設問にある BOD に基づく汚濁負荷量はそれぞれ以下のとおりです。

・放流地点上流：$100,000（m³/日）\times 1（mg/L）=100,000=10\times 10^5（g/日）$

・A工場の排水：$10,000（m³/日）\times 100（mg/L）=1,000,000=1.0\times 10^6（g/日）$

　※ $1mg/L=1g/m³$

　放流地点の直下流での水量は、$100,000+10,000=110,000=1.1\times 10^5（m³/日）$、その際の BOD 濃度が 2mg/L 以下となるので、A工場での BOD 除去率を x（%）とすれば以下の式が成立します。

$$1.0 \times 10^5 + 1.0 \times 10^6 \times (100 - x)/100 = 1.1 \times 10^5 \ (\text{m}^3/\text{日}) \times 2 \ (\text{mg/L})$$
$$= 2.2 \times 10^5 \ (\text{g/日})$$

整理すると、

$$1.0 \times 10^4 x = 1.0 \times 10^5 + 1.0 \times 10^6 - 2.2 \times 10^5 = 8.8 \times 10^5$$

$$x = 8.8 \times 10^5 / 1.0 \times 10^4 = 88 \ (\%)$$

したがって、A 工場での最低限の BOD 除去率は 88% となります。

【解答】③

【キーワード】BOD 除去率

Ⅲ－6

　湖沼水質保全特別措置法に定められている流出水対策に関する次の記述のうち、最も不適切なものはどれか。

① 　都道府県知事は、湖沼水質保全基本方針に基づき、指定湖沼の水質の保全を図るために流出水の水質の改善に資する対策の実施を推進する必要があると認める地区を、流出水対策地区として当該指定湖沼に係る指定地域内に指定することができる。

② 　流出水とは、水質汚濁防止法第二条第二項に規定する特定施設及び指定施設から排出される水並びに同条第九項に規定する生活排水以外の水であって、指定地域内の土地から指定湖沼に流入するものをいう。

③ 　都道府県知事は、流出水対策地区を指定しようとするときは、関係住民の意見を聴かなければならない。

④ 　都道府県知事は、流出水対策地区の指定をしたときは、その旨を公表するとともに、当該流出水対策地区をその区域に含む市町村に通知しなければならない 。

⑤ 　都道府県知事は、流出水対策地区を指定したときは、湖沼水質保全計画において、当該流出水対策地区における流出水対策の実施を推進

するための流出水対策推進計画を定めなければならない。

(令和元年度(再)出題)

【解説】

①、②(○)適切。法25条のとおりです

③(×)不適切。法25条2では"関係住民"ではなく"関係市町村長"と定めています。25条2都道府県知事は、流出水対策地区を指定しようとするときは、関係市町村長の意見を聴かなければならない。

④(○)適切。法25条3のとおりです。

⑤(○)適切。法26条のとおりです。

【解答】③

【キーワード】湖沼水質保全特別措置法、流出対策地区

Ⅲ-7

含水率95%の汚泥を脱水して、含水比400%の脱水ケーキを得た。汚泥体積は、もとのどれだけになるか。次の中から選べ。ただし、汚泥の比重は1.0で水と同じとする。

① 0.15 ② 0.20 ③ 0.25 ④ 0.30 ⑤ 0.35

(令和2年度出題)

【解説】

平成30年度の出題「Ⅲ-8」が類似問題です。

含水比 w % = Ww/Ws

含水率 u % = $Ww/(Ww+Ws)$

Ww:水の重量 Ws:固体重量

脱水前の重量を100kgと仮定する。

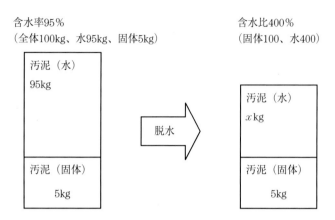

含水率95%
（全体100kg、水95kg、固体5kg）

含水比400%
（固体100、水400）

含水比 400 ％ ＝ 固体 100：水 400 ＝ 個体 5kg：水 $x$kg、水の重量 x＝20kg と なる。よって、脱水によって含水比 400 ％となった場合、汚泥（固体 5kg ＋水 20kg）の重量は 25kg となる。ここで、脱水前の汚泥（水＋固体）重量 100kg のため、脱水後の汚泥体積比は脱水前 100kg の 25 ％（※汚泥の比重は 1.0 より）。

よって、③「0.25」が正解となります。含水比と含水率を理解していれば単純な設問といえます。

【解答】③

【キーワード】含水比、含水率

Ⅲ－6

浄化槽に関する次の記述のうち、最も不適切なものはどれか。

① 浄化槽法の目的は、公共用水域等の水質の保全等の観点から、浄化槽によるし尿及び雑排水の適切な処理を図り、もって生活環境の保全及び公衆衛生の向上に寄与することとされている。

② 浄化槽法では、浄化槽製造業者の登録制度や浄化槽清掃業の許可制度を整備し、浄化槽設備士及び浄化槽管理士の資格を定めている。

③ 浄化槽の構造は、国土交通大臣が定めた構造方法（構造例示型）に

よるもの、又は国土交通大臣の認定を受けた物（性能評価型）に限る
とされている。

④　浄化槽法では、浄化槽使用者のうち責任者を浄化槽管理者とし、そ
の管理者には定期的な保守点検と蓄積した汚泥を系外へ搬出する清掃
を実施することが義務づけられている。

⑤　浄化槽の機能を十分に発揮させるため、浄化槽工事の技術上の基準
に従い、国家資格者である浄化槽設備士による監督のもとで、都道府
県知事の登録を受けた浄化槽工事業者が設置工事を実施することとさ
れている。

（令和2年度出題）

【解説】

①（○）適切。記述は、同法「1条　目的」に規定された内容です。

②（×）不適切。"浄化槽製造業者の登録制度"の記述が誤りです。同法1
条では、浄化槽工事業者の登録制度、浄化槽清掃業者の許可制度の整備と、浄
化槽設備士及び浄化槽管理士の資格制度を定めています。

③（○）適切。浄化槽の構造基準で記述のとおり定められています。

④（○）適切。同法10条で浄化槽の管理者には、定期的な保守点検と清掃
が義務付けられています。

⑤（○）適切。技術基準への準拠は同法6条で、工事業の登録義務は同法
21条で、浄化槽設備士による監督義務は同法29条で義務付けられています。

【解答】②

【キーワード】浄化槽法、浄化槽設備士、浄化槽管理士

（2）大気

Ⅲ－1

我が国では、大気環境を保全するため、昭和43年に「大気汚染防止法」

が制定された。この法律に関する次の記述の、□□□に入る語句として、最も適切なものはどれか。

・大気汚染防止法では、□ a □から排出又は飛散する大気汚染物質について、物質の種類ごと、施設の種類・規模ごとに排出基準等が定められており、大気汚染物質の排出者等はこの基準を守らなければならない。

・ばい煙の排出規制：

「ばい煙」とは、物の燃焼等に伴い発生する□ b □、ばいじん（いわゆるススス）、有害物質（1）□ c □、2）塩素及び塩化水素、3）弗素、弗化水素及び弗化珪素、4）鉛及びその化合物、5）窒素酸化物）をいう。

	a	b	c
①	移動発生源	一酸化炭素	水銀及びその化合物
②	固定発生源及び移動発生源	いおう酸化物	水銀及びその化合物
③	固定発生源及び移動発生源	浮遊粒子状物質	水銀及びその化合物
④	固定発生源	いおう酸化物	カドミウム及びその化合物
⑤	固定発生源	一酸化炭素	カドミウム及びその化合物

（令和２年度出題）

【解説】

a＝固定発生源。環境省ウェブサイト「大気汚染防止法の概要」（https://www.env.go.jp/air/osen/law/）では次のように解説されています。

"大気汚染防止法では、固定発生源（工場や事業場）から排出又は飛散する大気汚染物質について、物質の種類ごと、施設の種類・規模ごとに排出基準等が定められており、大気汚染物質の排出者等はこの基準を守らなければならない。"

b＝いおう酸化物、c＝カドミウム及びその化合物。環境省ウェブサイト上記の項目では次のように解説されています。

　"「ばい煙」とは、物の燃焼等に伴い発生するいおう酸化物、ばいじん（いわゆるスス）、有害物質（1) カドミウム及びその化合物、2) 塩素及び塩化水素、3) 弗素、弗化水素及び弗化珪素、4) 鉛及びその化合物、5) 窒素酸化物）をいう。"

【解答】④

【キーワード】固定発生源、ばい煙の排出規制

Ⅲ－3

　次の大気汚染防止法上の特定物質のうち、最も水に難溶なものはどれか。

① エチルメルカプタン
② メタノール
③ ピリジン
④ フェノール
⑤ ホルムアルデヒド

（平成25年度出題）

【解説】

　大気汚染防止法では、次のような規制、対策推進が目的とされています（第1条〔目的〕）。

• 工場及び事業場における事業活動並びに建築物等の解体等に伴うばい煙、揮発性有機化合物及び粉じんの排出等の規制
• 有害大気汚染物質対策の実施の推進
• 自動車排出ガスに係る許容限度を定めること等

　大気汚染防止法の特定物質は、環境省ウェブサイト「大気汚染防止法の概要」（https://www.env.go.jp/air/osen/law/）の「ばい煙の排出規制」(4) 事故時の措置に記載されています。

「特定物質」とは、物の合成、分解その他の化学的処理に伴い発生する物質のうち、人の健康又は生活環境に係る被害が生ずるおそれがある物質で、次の28物質が定められている。
(1) アンモニア、(2) 弗化水素、(3) シアン化水素、(4) 一酸化炭素、(5) ホルムアルデヒド、(6) メタノール、(7) 硫化水素、(8) 燐化水素、(9) 塩化水素、(10) 二酸化窒素、(11) アクロレイン、(12) 二酸化いおう、(13) 塩素、(14) 二硫化炭素、(15) ベンゼン、(16) ピリジン、(17) フェノール、(18) 硫酸（三酸化硫黄を含む。）、(19) 弗化珪素、(20) ホスゲン、(21) 二酸化セレン、(22) クロルスルホン酸、(23) 黄燐、(24) 三塩化燐、(25) 臭素、(26) ニッケルカルボニル、(27) 五塩化燐、(28) メルカプタン

　メタノール（CH$_3$OH）の水酸基（－OH）は水分子と水素結合するため、水溶性を示します。ピリジン（C$_5$H$_5$N）は無極性溶媒とともに水のような極性溶媒にも溶けますが、これはピリジンのN原子が水と水素結合を形成するためです。フェノール（C$_6$H$_5$OH）の水酸基（－OH）が極性を有するため水に溶けますが、疎水性のフェニル基（C$_6$H$_5$－）の影響で微溶です。ホルムアルデヒド（HCHO）のアルデヒド基（－CHO）は親水性があるため、ホルムアルデヒドのような低級アルデヒド類は水に溶けます。

　他方、エチルメルカプタン（C$_2$H$_5$SH）はエタンチオールとも呼ばれ、水に難溶性を示します。強い刺激臭を有するためガスの付臭剤として用いられます。

【解答】①

【キーワード】大気汚染防止法、特定物質

Ⅲ－3

　大気環境問題に関する次の記述のうち、最も不適切なものはどれか。

① 固定発生源から放出される二酸化硫黄量は、燃料の低硫黄化と排煙脱硫などにより減少している。

② 二酸化硫黄の酸化により生成した硫酸は、雨が酸性化する主要な原因となる。

③ 光化学オキシダントは、窒素酸化物と揮発性有機化合物が光化学反

応して生成する二次大気汚染物質である。

④　一酸化窒素の健康や植物等への影響は二酸化窒素よりも強いため、一酸化窒素に係る環境基準が定められている。

⑤　自動車の排出ガス中には、窒素酸化物や一酸化炭素、炭化水素類などが含まれることが考えられるので、これらの上限値を定めて規制している。

（平成26年度出題）

【解説】

①（○）適切。固定発生源は工場や事業所などです。一方、移動発生源は自動車や航空機などが該当します。近年、固定発生源については、脱硫装置の普及などによって二酸化硫黄量は減少しています。

②（○）適切。酸性雨の主な原因は、二酸化硫黄（SO_2）と二酸化窒素（NO_2）です。

$$NO_2 + SO_2 \rightarrow 一酸化窒素（NO）+ 無水硫酸（SO_3）$$

酸化還元反応で無水硫酸（SO_3）が生成されます。

③（○）適切。光化学オキシダントは、工場などから排出される窒素酸化物（一次汚染物質）と揮発性有機化合物（一次汚染物質）が太陽光で反応することで生成される二次汚染物質です。光化学スモッグの原因となります。

④（×）不適切。二酸化窒素には環境基準が定められていますが、一酸化窒素には環境基準は定められていません。二酸化窒素は呼吸器疾患の原因となります。一酸化窒素の影響に関する知見はまだ十分ではないとされています。

⑤（○）適切。自動車の車種や燃料などによって規制値が定められています。

【解答】④

【キーワード】窒素酸化物（NOx）、硫黄酸化物（SOx）、光化学オキシダント（Ox）、酸性雨

Ⅲ-13

我が国の大気汚染対策に関する次の記述のうち、最も不適切なものはどれか。

① 人の健康を保護し生活環境を保全する上で維持されるべき基準として、「環境基準」が環境基本法において設定されており、この環境基準を達成することを目標に、大気汚染防止法に基づいて規制を実施している。

② 大気汚染防止法では、固定発生源（工場や事業場）から排出又は飛散する大気汚染物資について、物質の種類ごと、施設の種類・規模ごとに排出基準等が定められており、大気汚染物質の排出者等はこの基準を守らなければならない。

③ 「ばい煙」とは、物の燃焼等に伴い発生するいおう酸化物、ばいじん、有害物質（カドミウム及びその化合物など5種類）をいい、一定規模以上の施設が「ばい煙発生施設」として定められている。

④ 大気汚染防止法は、ばい煙排出者に対し、排出基準に適合しないばい煙の排出を禁止し、故意、過失を問わず違反者に対して刑罰を科せられることとなっている。

⑤ ばい煙発生施設を新たに設置又は構造等の変更をしようとする者は、あらかじめ（60日前まで）、管轄都道府県知事等に所定の事項を届けなければならない。

（平成28年度出題）

【解説】

① （×）不適切。"維持されるべき基準"ではなく、"維持されることが望ましい基準"が適切な記述です（環境基本法16条より）。

② （○）適切。記述のとおりです。

48

③（〇）適切。有害物質には、1）カドミウム及びその化合物、2）塩素及び塩化水素、3）ふっ素、ふっ化水素及びふっ化珪素、4）鉛及びその化合物、5）窒素酸化物の5種類が指定されています。

④（〇）適切。排出基準違反のばい煙を継続して排出するおそれがあると認めるときは、都道府県知事等は、当該ばい煙の排出者に対し、ばい煙の処理方法等の改善や一時使用停止を命令することができます。

⑤（〇）適切。都道府県知事等は、その内容を審査し、当該施設が排出基準に適合しないと認めるときは、その届出を受理した日から60日以内に限り、計画の変更や廃止を命ずることができます。

【解答】①

【キーワード】環境基準、大気汚染防止法、ばい煙

Ⅲ-20

大気中での光化学反応と酸性雨に関連する次の記述のうち、最も不適切なものはどれか。

① 一次汚染物質である NOx、SOx、炭化水素は長距離輸送されるうちに反応して種々の酸化性物質、酸性物質を生成する。このうち、炭化水素は多くの成分を含んでいるため、全体の反応系を非常に複雑にする。

② 二酸化炭素で飽和されている清浄な雨水の pH 値は 5.6 になる。したがって、pH 値がこれ以下の雨を酸性雨と呼ぶ。

③ 植物に対する酸性雨の影響では、その直接的な影響と、酸性雨による土壌の酸性化に伴う間接的な影響が考えられる。

④ ヨーロッパや北アメリカでは、酸性雨による湖沼の酸性化が進み、魚が死滅した湖沼も見られる。

⑤ 湖沼や河川のアルカリ度は、主として炭酸水素イオンと炭酸イオンにより占められており、集水域の土壌や岩石から供給されるが、底質から

は供給されない。

(平成 25 年度出題)

【解説】

①（○）適切。窒素酸化物（NOx）や揮発性有機化合物（VOC）は、光化学反応によって酸化性物質に変化します。これらの物質が光化学オキシダントであり、1970 年代に大きな問題となった光化学スモッグの原因となりました。

②（○）適切。酸性雨の主な原因は、二酸化硫黄（SO_2）と二酸化窒素（NO_2）です。酸化還元反応で無水硫酸（SO_3）が生成され、酸性雨の原因となります。

$NO_2 + SO_2 →$ 一酸化窒素（NO）＋無水硫酸（SO_3）

③、④（○）適切。記述のとおりです。

⑤（×）不適切。湖沼や河川のアルカリ度は、底質からも供給されます。

【解答】⑤

【キーワード】光化学反応、光化学オキシダント（Ox）、窒素酸化物（NOx）、硫黄酸化物（SOx）、酸性雨

Ⅲ−19

大気汚染に係る環境基準が定められている各物質に関する次の記述のうち、最も不適切なものはどれか。

① 二酸化硫黄（SO_2）：「1 時間値の 1 日平均値が 0.04ppm 以下であり、かつ、1 時間値が 0.1ppm 以下であること。」

② 一酸化炭素（CO）：「1 時間値の 1 日平均値が 10ppm 以下であり、かつ、1 時間値の 8 時間平均値が 20ppm 以下であること。」

③ 浮遊粒子状物質（SPM）：「1 時間値の 1 日平均値が 0.10mg/m³ 以下であり、かつ、1 時間値が 0.20mg/m³ 以下であること。」

④ 二酸化窒素（NO_2）：「1時間値の1日平均値が0.04ppm以下であり、かつ、1時間値が0.06ppm以下であること。」

⑤ 光化学オキシダント（Ox）：「1時間値が0.06ppm以下であること。」

（平成29年度出題）

【解説】

「大気汚染に係る環境基準」は、環境省ウェブサイト（https://www.env.go.jp/kijun/taiki.html）で公開されています。

大気汚染に係る環境基準

物質	環境上の条件（設定年月日等）	測定方法
二酸化いおう（SO_2）	1時間値の1日平均値が0.04ppm以下であり、かつ、1時間値が0.1ppm以下であること。（48.5.16告示）	溶液導電率法又は紫外線蛍光法
一酸化炭素（CO）	1時間値の1日平均値が10ppm以下であり、かつ、1時間値の8時間平均値が20ppm以下であること。（48.5.8告示）	非分散型赤外分析計を用いる方法
浮遊粒子状物質（SPM）	1時間値の1日平均値が0.10mg/m^3以下であり、かつ、1時間値が0.20mg/m^3以下であること。（48.5.8告示）	濾過捕集による重量濃度測定方法又はこの方法によって測定された重量濃度と直線的な関係を有する量が得られる光散乱法、圧電天びん法若しくはベータ線吸収法
二酸化窒素（NO_2）	1時間値の1日平均値が0.04ppmから0.06ppmまでのゾーン内又はそれ以下であること。（53.7.11告示）	ザルツマン試薬を用いる吸光光度法又はオゾンを用いる化学発光法
光化学オキシダント（Ox）	1時間値が0.06ppm以下であること。（48.5.8告示）	中性ヨウ化カリウム溶液を用いる吸光光度法若しくは電量法、紫外線吸収法又はエチレンを用いる化学発光法

①～③、⑤（○）適切。記述のとおりです。

④（×）。不適切。「1時間値の1日平均値が0.04ppmから0.06ppmまでのゾーン内又はそれ以下であること。」が正しいです。

【解答】④

【キーワード】大気汚染に係る環境基準、二酸化いおう（SO$_2$）、一酸化炭素（CO）、浮遊粒子状物質（SPM）、二酸化窒素（NO$_2$）、光化学オキシダント（Ox）

Ⅲ－3

微小粒子状物質（PM2.5）に関する次の記述のうち、最も不適切なものはどれか。

① PM2.5とは、大気中に浮遊する粒子状物質であって、粒径が2.5μmの粒子を75％の割合で分離できる分粒装置を用いて、より粒径の大きい粒子を除去した後に採取される粒子をいう。

② PM2.5には、物の燃焼などによって直接排出されるもの（一次生成粒子）と、環境大気中での化学反応により生成されたもの（二次生成粒子）とが存在する。

③ PM2.5は非常に小さいため、肺の奥深くまで入りやすく、呼吸器系疾患への影響に加え、循環器系への影響が懸念されている。

④ 平成30年度の常時監視測定結果による地域別の環境基準達成率の傾向をみると、中国・四国地方や九州地方の北部の環境基準非達成局は長期基準と短期基準の両方とも非達成の測定局が多く、工業地帯における固定発生源や船舶の影響などが示唆される。

⑤ PM2.5の日本における一時的な高濃度現象には大陸からの越境大気汚染による影響があったものと考えられている。

（令和２年度出題）

【解説】

平成26年度の出題「Ⅲ－13」が類似問題です。

①（×）不適切。"75％"の記述が誤りです。一般に次のように取り決められています。

"PM2.5（微小粒子状物質）とは、大気中に浮遊する粒子状物質であって、その粒径が 2.5μm の粒子を 50 ％の割合で分離できる分粒装置を用いて、より粒径の大きい粒子を除去した後に採取される粒子をいう。"

②（○）適切。一次生成粒子としてボイラー、燃焼炉などから直接排出されるものと、二次生成粒子として硫黄酸化物（SOx）、窒素酸化物（NOx）などが大気中で化学反応して生成されるものがあります。

③（○）適切。PM2.5 は気管支よりもさらに肺の奥深くまで届きます。そのため、とりわけ呼吸器系への影響が懸念されます。

④（○）適切。環境省ウェブサイト「平成 30 年度　大気汚染状況について」(https://www.env.go.jp/air/osen/jokyo_h30/index.html) では次のように記述されています。

"中国・四国地方の瀬戸内海に面する地域、九州地方の北部及び有明海に面する地域では依然として環境基準達成率の低い地域がありました。"

⑤（○）適切。記述のとおりです。

【解答】①

【キーワード】微小粒子状物質（PM2.5）

Ⅲ－2

　我が国が定める大気関係の環境基準である「大気の汚染に係る環境基準」、「二酸化窒素に係る環境基準」、及び「微小粒子状物質による大気の汚染に係る環境基準」の測定方法に関する次の記述のうち、最も不適切なものはどれか。

①　浮遊粒子状物質は、濾過捕集による重量濃度測定方法によって測定された重量濃度と直線的な関係を有する量が得られるベータ線吸収法により測定する。

②　微小粒子状物質は、濾過捕集による質量濃度測定方法によって測定

された質量濃度と等価な値が得られると認められる自動測定器を用い
て測定する。

③　二酸化窒素は、エチレンを用いる化学発光法により測定する。

④　二酸化いおうは、紫外線蛍光法により測定する。

⑤　光化学オキシダントは、紫外線吸収法により測定する。

（平成 28 年度出題）

【解説】

「大気の汚染に係る環境基準」の測定方法については、環境省ウェブサイト
（https://www.env.go.jp/kijun/taiki.html）に一覧があります。

①（○）適切。濾過捕集による重量濃度測定方法、またはこの方法によって
測定された重量濃度と直線的な関係を有する量が得られる光散乱法、圧電天び
ん法もしくはベータ線吸収法による測定方法があります。

②（○）適切。記述のとおりです。

③（×）不適切。二酸化窒素（NO_2）は、ザルツマン試薬を用いる吸光光度
法、またはオゾンを用いる化学発光法により測定します。

④（○）適切。そのほかに、溶液導電率法による測定方法があります。

⑤（○）適切。そのほかに、中性ヨウ化カリウム溶液を用いる吸光光度法も
しくは電量法、紫外線吸収法またはエチレンを用いる化学発光法による測定方
法があります。

【解答】③

【キーワード】大気の汚染に係る環境基準、浮遊粒子状物質（SPM）、微小粒
子状物質（PM2.5）、二酸化窒素（NO_2）、二酸化硫黄（SO_2）、光化学オキシダ
ント（Ox）

Ⅲ－4

我が国における環境問題とその主要な原因物質の組合せとして、最も不

適切なものはどれか。

	環境問題	原因物質
①	富栄養化	窒素、リン
②	光化学スモッグ	オキシダント
③	水俣病	有機水銀
④	イタイイタイ病	六価クロム
⑤	四日市ぜんそく	二酸化硫黄

（令和3年度出題）

【解説】

平成26年度の出題「Ⅲ−4」と平成30年度の出題「Ⅲ−5」が類似問題です。

①（○）適切。富栄養化の原因は、水中の肥料分（窒素、リンなど）の濃度上昇です。

②（○）適切。光化学スモッグの主な原因は、オキシダントです。

③（○）適切。水俣病（水質汚染）の原因物質は、メチル水銀化合物です。

④（×）不適切。イタイイタイ病（水質汚染）の原因物質は、カドミウムです。

⑤（○）適切。四日市ぜんそく（大気汚染）の原因物質は硫黄酸化物です。

【解答】④

【キーワード】公害病、イタイイタイ病、水俣病、富栄養化、四日市ぜんそく、光化学オキシダント

（3）悪臭

Ⅲ−21

「悪臭防止法」で定める臭気指数による規制に関する次の記述のうち、最も適切なものはどれか。

① 臭気指数は、臭気濃度の値の常用対数値に 100 を乗じた数値である。

② 臭気指数は、においそのものを人の嗅覚で測定するため、住民の悪臭に対する感覚と一致しやすい。

③ 臭気指数による規制は、敷地境界線での大気の規制には適用されていない。

④ 臭気指数の判定試験に充てるパネルは、10 年以内の期間ごとに正常な嗅覚を保持していることを確認できた人でなければならない。

⑤ 三点比較式臭袋法は、水中の臭気の強さを測定する方法である。

(令和元年度出題)

【解説】

平成22年度の出題「Ⅳ-4」に加え、平成23年度「Ⅳ-11」、平成24年度「Ⅳ-5」平成25年度「Ⅲ-5」が類似問題です。

①(×)不適切。臭気指数は、臭気濃度の常用対数値に 10 を乗じた数値(臭気指数＝10×log 臭気濃度)です。

②(○)適切。記述のとおりです。

③(×)不適切。臭気指数の規制基準は、敷地境界線の規制基準、気体排出口の規制基準、排出水の規制基準の３つがあります(法第４条)。

④(×)不適切。パネルは、嗅覚を用いて臭気の有無を判定する者で一定の方法で正常な嗅覚を有すると認められた者とされています。パネルの選定にあたっては、５年以内(40歳以上は３年以内)の期間ごとに受験し、正常な嗅覚を保持していることを確認することを要するとされています。

⑤(×)不適切。水中の臭気の強さを測定する方法は、三点比較式フラスコ法です。三点比較式臭袋法は、正常な嗅覚をもっていると認められた被験者によって、"悪臭の空気の入っている袋１つ"と残りの"無臭の空気の入っている袋"を当てる方法です。

【解答】②

【キーワード】悪臭防止法、臭気指数、三点比較式臭袋法、三点比較式フラスコ法

（4）土壌

Ⅲ－15

土壌汚染対策に関する次の記述のうち、最も不適切なものはどれか。

① 土壌中の汚染物質の主な摂取経路としては、汚染物質の地下水経由の摂取と汚染物質を含んだ土壌の直接摂取がある。

② 土壌汚染による健康リスクは、土壌中の汚染物質の有害性と摂取量により決まる。

③ 土壌汚染対策の基本は、土壌中の汚染物質を浄化又は除去することである。

④ 「土壌汚染対策法」の目的は、土壌汚染の状況の把握に関する措置及びその汚染による人の健康被害の防止に関する措置を定めること等により、土壌汚染対策の実施を図り、国民の健康を保護することである。

⑤ 市街地等の土壌汚染については、「土壌汚染対策法」の施行（平成15年）以降、土壌汚染事例の判明件数が増加している。

（平成26年度出題）

【解説】

①（○）適切。土壌の汚染物質（有害物質）は地下水に溶け、浸透します。地下水経由の摂取とは、汚染物質を含んだ井戸水などを飲むことが該当します。直接摂取とは、子供が砂場で遊んだりすることで直接口に入ったり、肌から直接摂取することなどです。

②（○）適切。有害性の高いものや摂取量が多い場合に健康リスクは増大します。

③（×）不適切。対策は、状況に応じて原位置封じ込め、遮水工封じ込め、地下水汚染の拡大の防止、土壌汚染の除去、遮断工封じ込め、不溶化、舗装、

立入禁止、土壌入換え、盛土が実施されます。

　土壌汚染対策法施行規則に次のように定められています。

（措置の実施の方法）〔抜粋〕
第四十条　別表第五の一の項に規定する地下水の水質の測定、同表の二の項に規定する原位置封じ込め、遮水工封じ込め、地下水汚染の拡大の防止及び土壌汚染の除去、同表の三の項に規定する遮断工封じ込め、同表の四の項に規定する不溶化、同表の七の項に規定する舗装及び立入禁止、同表の八の項に規定する土壌入換え並びに同表の九の項に規定する盛土の実施の方法は、別表第六に定めるところによる。

---

　④（○）適切。土壌汚染対策法第１条（目的）に規定されています。

　⑤（○）適切。工場跡地の再開発等に伴い、判明件数が増加しています。

【解答】③

【キーワード】土壌汚染対策、土壌汚染対策法

IV－16

　土壌汚染対策法に関する次の記述のうち、最も不適切なものはどれか。

①　一定規模以上の土地の形質の変更を行おうとする者は、工事に着手する日の14日前までに都道府県知事に届け出なければならない。

②　都道府県知事は、①の届出のあった土地について土壌汚染のおそれがあると認めるときには、土地の所有者などに土壌汚染状況調査を実施し、その結果を報告することを命じることができる。

③　土壌汚染対策法に基づく土壌汚染状況調査は、調査を的確に実施することができる者として環境大臣が指定した者（指定調査機関）に行わせなければならない。

④　「要措置区域」とは、土壌汚染の摂取経路があり、健康被害が生ずるおそれがあるため、汚染の除去等の措置が必要な区域である。

⑤　汚染土壌を要措置区域等の外へ搬出する者は、その汚染土壌の処理を都道府県知事等の許可を得た汚染土壌処理業者に委託しなければならな

い。

（平成 24 年度出題）

【解説】

平成 22 年度の出題「Ⅳ－19」が類似問題です。

土壌汚染対策法の目的は、以下のとおりです。

（目的）
第一条　この法律は、土壌の特定有害物質による汚染の状況の把握に関する措置及びその汚染による人の健康に係る被害の防止に関する措置を定めること等により、土壌汚染対策の実施を図り、もって国民の健康を保護することを目的とする。

土壌汚染は、土壌から地下水を通じて、周辺を汚染するため、井戸を飲料水として利用する場合など特に注意が必要です。

特定有害物質は、次の物質が該当し、溶出量基準が定められています。

• 第 1 種特定有害物質－揮発性有機化合物

シス－1，2 ジクロロエチレン、1，1，1－トリクロロエタン、トリクロロエチレンほか

• 第 2 種特定有害物質－重金属等

カドミウム、全シアン、六価クロム化合物、鉛、水銀、フッ素、砒素ほか

• 第 3 種特定有害物質－農薬等

有機燐化合物、シマジン、チラウム、PCB ほか

要措置区域とは、汚染の除去が必要で特定有害物質によって汚染され、汚染度合いが基準値を超えているなど、措置の必要な区域のことをいいます。要措置区域では、第 9 条で非常災害などのほか原則、形質変更（一定規模の土地形状の変更など）が禁止されます。

（要措置区域の指定等）
第六条　都道府県知事は、土地が次の各号のいずれにも該当すると認める場合には、当該土地の区域を、その土地が特定有害物質によって汚染されており、当該汚染による人の健康に係る被害を防止するため当該汚染の除去、当該汚染の拡散の防止その他の措置（以下「汚染の除去等の措置」という。）を講ずることが必要な区域として指定するものとする。
一　土壌汚染状況調査の結果、当該土地の土壌の特定有害物質による汚染状態が環境省令で定める基準に適合しないこと。

> 二 土壌の特定有害物質による汚染により、人の健康に係る被害が生じ、又は生ずるおそれがあるものとして政令で定める基準に該当すること。

土壌汚染が判明している土地について、人の立ち入りができないこと、健康被害のおそれがないこと（井戸のないことなど）、など一定の要件に該当する区域は、形質変更時に届出が必要です〔形質変更時要届出区域（第11条）〕

① （×）不適切。工事着手の30日前までに都道府県知事に届出が必要です。

> （土壌汚染のおそれがある土地の形質の変更が行われる場合の調査）
> 第四条 土地の掘削その他の土地の形質の変更（以下「土地の形質の変更」という。）であって、その対象となる土地の面積が環境省令で定める規模以上のものをしようとする者は、当該土地の形質の変更に着手する日の三十日前までに、環境省令で定めるところにより、当該土地の形質の変更の場所及び着手予定日その他環境省令で定める事項を都道府県知事に届け出なければならない。

※設問では、形質変更時要届出区域との区分がありません。形質変更時要届出区域では、14日前までに都道府県知事に届出が必要となります。

② （○）適切。法第４条３に規定されています。土地所有者の責任で実施しなければならないので、土地所有者は、土地の取得時に十分留意する必要があります。

③ （○）適切。法第５章を参照してください。

④ （○）適切。法第６条（前述）を参照してください。

⑤ （○）適切。法第18条を参照してください。また、搬出する者は、所定の事項を14日前までに届け出る必要があります（第16条）。

【解答】 ①

【キーワード】土壌汚染対策法、要措置区域、形質変更時届出区域

（5）その他

Ⅲ－1

次の単純ガス 1m³ を完全燃焼するのに必要な理論酸素量及びその時に生成する理論燃焼ガス量（二酸化炭素及び水蒸気）の組合せのうち、最も不適切なものはどれか。ただし、各ガス量は標準状態で表すものとする。

	ガス名	理論酸素量 (m^3)	理論燃焼ガス量 (m^3)	
			二酸化炭素	水蒸気
①	水素	0.5	0	1.0
②	一酸化炭素	0.5	1.0	0
③	メタン	2.0	1.0	2.0
④	エチレン	4.0	2.0	2.0
⑤	アセチレン	2.5	2.0	1.0

（令和元年度(再)出題）

【解説】

平成23年度の出題「Ⅳ-7」と平成25年度の出題「Ⅲ-2」がほぼ同一問題です。

それぞれの単純ガスの燃焼反応式を表します。燃焼反応式の係数比は反応する物質の体積の比になりますので、理論酸素量及び理論燃焼ガス量は次のとおりになります。

	燃焼反応式	理論酸素量 (m^3)	理論燃焼ガス量 (m^3)	
			二酸化炭素	水蒸気
①	$H_2 + 1/2O_2 = H_2O$	0.5	0	1.0
②	$CO + 1/2O_2 = CO_2$	0.5	1.0	0
③	$CH_4 + 2O_2 = CO_2 + 2H_2O$	2.0	1.0	2.0
④	$C_2H_4 + 3O_2 = 2CO_2 + 2H_2O$	3.0	2.0	2.0
⑤	$C_2H_2 + 5/2O_2 = 2CO_2 + H_2O$	2.5	2.0	1.0

よって、④のエチレンが完全燃焼する際に発生する際の理論酸素量は $3m^3$ となり、④が不適切です。

【解答】④

【キーワード】理論酸素量、理論燃焼ガス量

Ⅲ-12

水銀に関する次の記述のうち、最も不適切なものはどれか。

① 水銀は、零細・小規模金採掘、塩化ビニルや塩素アルカリなどの工業分野での利用、歯科用アマルガム、電池・照明ランプ等の製品中への使用など、世界中の様々な用途に用いられている。

② 我が国における現在の水銀の主要な排出源は、水銀法によるか性ソーダの製造工程、セメント製造施設、鉄鋼製造施設、廃棄物焼却施設などである。

③ 1956（昭和 31）年に公式確認された水俣病は、メチル水銀を含んだ排水により引き起こされた健康被害・環境破壊で、人類の歴史上類例がないといわれる公害である。

④ 水銀は常温で液体である唯一の金属元素で、揮発性が高く、様々な排出源から環境に排出されて全世界を循環する。

⑤ 国連環境計画（UNEP）によれば、海洋生物中の水銀濃度は人為的な水銀排出の影響で 19 世紀中頃より急激に増加しており、魚介類を多食する北極圏の人々などで健康影響の懸念が指摘されている。

（平成 28 年度出題）

【解説】

①、③～⑤（○）適切。記述のとおりです。

②（×）不適切。現在、か性ソーダの製造工程においては、水銀を使用しないイオン交換膜法への転換が完了しており、水銀は排出しません。

【解答】②

【キーワード】水銀

Ⅲ-24

公共用水域の水質汚濁に係る人の健康の保護に関する要監視項目である
ペルフルオロオクタンスルホン酸（PFOS）及びペルフルオロオクタン酸
（PFOA）の水質測定に関する記述のうち、最も不適切なものはどれか。

① PFOS 及び PFOA の測定には、高速液体クロマトグラフ質量分析
計又は高速液体クロマトグラフ・タンデム質量分析計を用い、エレク
トロスプレーイオン化（ESI）法（正イオンモード）で行う。

② PFOS 及び PFOA は、フッ素樹脂加工された器具等から溶出する
可能性があるため、これらの器具は可能な限り使用しない。

③ 試料水は、ガラス瓶又はポリプロピレン瓶に採取するが、PFOS 及
び PFOA は、ガラス瓶に吸着する可能性があるため、採水容器には
ガラス製のものの使用を可能な限り避ける。

④ オクタデシルシリル（ODS）系吸着剤を用い固相抽出する場合には、
試料水に希塩酸などを加え pH を 3.5 程度に調整する。

⑤ PFOS 及び PFOA は炭素鎖が直鎖状に結合したものの他に、炭素
鎖が分岐した構造異性体が存在する。試料に含まれる分岐異性体は、
直鎖体と分岐異性体の感度は同等であると仮定し、直鎖体の標準品で
作成した検量線により定量してよい。

（令和 3 年度出題）

【解説】

令和 2 年環境省より環境基準の見直しに伴う通知が都道府県知事あてに出さ
れました。この中で、PFOS、PFOA が要監視項目に追加されました。本設問
は同通知　環水大水第 2005281 号、2005282 号の付表 1「ペルフルオロオクタ
ンスルホン酸（PFOS）及びペルフルオロオクタン 酸（PFOA）の測定方法」
に関するものです。

① （×）不適切。"正イオンモード"が誤りです。質量分析計については次のように規定されています。

(f) 質量分析計

エレクトロスプレーイオン化（負イオンモード）が可能で、選択イオ ン検出法又は選択反応検出法でクロマトグラム測定が可能なもの。

② （○）適切。同付表「2　器具（注 8)」の記述です

③ （○）適切。別添「ペルフルオロオクタンスルホン酸（PFOS）及びペルフルオロオクタン 酸（PFOA）の測定方法において留意すべき事項について」、「1. 採水器具・容器について」の記述です。

④ （○）適切。同付表には記述の処理が記載されていませんので、関連資料を段階的に解説すると、次のようになります。

"ODS 系吸着剤は、同付表の「2　器具（4)（b)」にあるオクタデシルシリル化シリカゲルが相当します。"

「3　試験操作（1）前処理（ア)」に"〜pH を調整する（注 10, 11)"とあり、注 11 の説明には、"使用する固相カラムに応じて、PFOS 及び PFOA を保持する pH に適宜調整する。"とあります。ODS カラム使用の際は、試料水の pH を 3.5 程度に調整します。

⑤ （○）適切。同付表「3　試験操作（注 13)」の記述です。

【解答】①

【キーワード】PFOS、PFOA、要調査項目

2. 主要キーワードと解説

（1）水質

1）水質汚濁防止法

　公共用水域及び地下水の水質の汚濁を防止し、国民の健康を保護するとともに生活環境の保全を目的とした法律で、昭和46年（1971年）6月に施行されました。

　事業場からの排出水の規制、生活排水対策の推進、水質総量規制、有害物質の地下浸透規制などが盛り込まれています。

　平成23年（2011年）6月の改正で、届出義務の対象となる施設拡大、施設の構造基準の遵守義務、定期点検の義務などが新たに規定されました。

2）環境基準（水質）

　公共用水域及び地下水の水質汚濁に係る環境上の条件について定めています。基準は、人の健康の保護に関する環境基準（健康項目）と生活環境の保全に関する環境基準（生活環境項目）からなっています。

　健康項目では、カドミウム（基準値0.003mg/L以下、日本工業規格K010255.2、55.3、55.4に定める方法で測定）をはじめとして、公共用水域で27項目、地下水域で28項目の環境基準と測定方法が定められています。また、令和4年4月1日より六価クロムの基準値が現行の0.05mg/L以下より0.02mg/Lに改正されました。詳しくは環境省ウェブサイト「水質汚濁に係る環境基準の見直しについて」（https://www.env.go.jp/press/110052-print.html）を参照してください。

　生活環境項目では、河川、湖沼、海域の水域別に、河川では水素イオン濃度

（pH）、生物化学的酸素要求量（BOD）、浮遊物質量（SS）、溶存酸素量（DO）、大腸菌数（利用目的別）と全亜鉛、ノニルフェノール、直鎖アルキルベンゼンスルホン酸及びその塩（水生生物の生息状況別）海域では pH、COD、DO、大腸菌数、n-ヘキサン抽出物質（油分等）、全窒素、全リン（利用目的別）と全亜鉛、ノニルフェノール、直鎖アルキルベンゼンスルホン酸及びその塩（水生生物の生息状況別）にそれぞれ基準値が定められています。

３）公共用水域における環境基準（水質）の達成状況

　令和２年度（2020年度）における健康項目全体の環境基準達成率は99.1％となっており、ほとんどの地点で環境基準を達成しました。環境基準値の超過について、主な原因は、自然由来のもの、休廃止鉱山廃水、農業肥料、家畜排せつ物などとなっています。

　一方、生活環境項目の環境基準達成率は、河川の BOD が93.5％、湖沼の COD が49.7％・全窒素及び全リンが52.8％、海域の COD が80.7％・全窒素及び全リンが88.1％となっています。湖沼では依然として達成率が低くなっています。

４）BOD（Biochemical Oxygen Demand；生物化学的酸素要求量）

　水質の汚染度合いを表す指標で、好気性バクテリアが水中の有機物を酸化分解するのに要する酸素量です。値が大きいほど水質汚濁は著しいと判断されます。河川に用いられます。

５）COD（Chemical Oxygen Demand；化学的酸素要求量）

　水中の汚物を化学的に酸化し安定させるのに必要な酸素の量です。値が大きいほど水質汚濁は著しいと判断されます。湖沼や海域に用いられる指標です。

６）溶存酸素量（DO；Dissolved Oxygen）

　水に溶解している酸素の量のことで、水生生物の生息に必要であり、数値が

大きいほど水質が良好といえます。

7）浮遊物質量（SS；Suspended Solids）

水中に浮遊または懸濁している粒径2mm以下の粒子状の不溶解性物質の量のことで、一般的に数値が大きいほど透明度が下がります。

8）水素イオン濃度（pH）

水の酸性・アルカリ性を表す指標です。7が中性となり、7より大きいのがアルカリ性、7より小さいのが酸性となります。

排水等の放流基準は、おおむねpH5.8～8.6で定められています。

9）大腸菌数

大腸菌数は特定酵素基質寒天培地により、大腸菌を培養し、発育したコロニー数を数えることで算出する。単位はCFU（コロニー形成単位（Colony Forming Unit））／100mlです。

これまで水質汚濁に係る環境基準では大腸菌群数が用いられていましたが、令和4年4月1日より大腸菌数へ見直しされました。詳しくは環境省ウェブサイト「水質汚濁に係る環境基準の見直しについて」（https://www.env.go.jp/press/110052-print.html）を参照してください。

10）閉鎖性海域

海水の交換が悪く、環境汚染に対して脆弱であるという性質を有することから、環境の保全には特別の配慮が必要とされる海域をいいます。

日本では、閉鎖性の特徴があり、面積が$5km^2$以上の海域を閉鎖性海域として定義し、東京湾、伊勢湾、瀬戸内海、有明海、八代海をはじめ、88の海域が指定対象となっています。

11) 水質総量規制制度

水質汚濁防止法に基づく排水基準（濃度基準）のみでは、COD などの環境基準達成が困難な、人口・産業が集中する広域的な閉鎖性海域を対象として、内陸府県を含め、海域に流入する汚濁負荷を総合的に削減する制度で、昭和53 年（1978 年）に導入されました。東京湾、伊勢湾、瀬戸内海の3 海域が指定されており、COD、窒素、リンについて、当該海域と流入河川に排水をしている事業に対して削減を求めています。

12) 富栄養化

閉鎖性水域において、窒素、リンなどの栄養塩類の流入により、水質が累積的に悪化することをいいます。

13) 赤潮、青潮

赤潮は、海中のプランクトンが急激に異常繁殖して、水の色が変わって見える現象で、河川などから海に流れ込む栄養分を原因として、特に湾内など海水交換の悪い場所で起こります。

青潮は、海中の底層から硫酸化イオンを含んだ低酸素水塊が上昇することによって、海水が少し青または緑がかった白色に濁る現象で、発生するとその海水中には酸素が全くかあるいはほとんどない状態となるため、魚やアサリなどの貝がほとんど死んでしまうほどの被害が発生する場合があります。

14) 合流式下水道

雨水と汚水を1 つの管路で処理場まで送る方式をいい、分流式と区分されます。建設費や維持管理費が安く抑えられる利点がある一方で、雨天時に、汚水処理量以上に雨水が大量に流入すると、し尿を含む汚水が川や海に直接放出されることから、水質汚濁や悪臭の原因になりやすいとされています。

（2）大気

1）大気汚染防止法

　工場や事業場における事業活動、建築物の解体などに伴うばい煙、揮発性有機化合物や粉じんの排出などの規制や有害大気汚染物質対策の推進、自動車排出ガスに係る許容限度などを規定しています。

　また、大気の汚染に関し、国民の健康の保護、生活環境の保全、健康被害が生じた場合の事業者の損害賠償の責任についても定めています。同法は昭和43年（1968年）に施行されました。

2）大気汚染に係る環境基準

　大気の汚染に係る環境上の条件につき人の健康を保護する上で維持することが望ましい基準等について、二酸化硫黄（SO_2）、一酸化炭素（CO）、浮遊粒子物質（SPM）、二酸化窒素（NO_2）、光化学オキシダント（Ox）、微小粒子状物質（PM2.5）を対象物質として定めています。

3）二酸化硫黄（SO_2）

　硫黄酸化物（SOx）の一種で、空気より重い無色の気体であり、腐敗した卵に似た刺激臭を有します。酸性雨の原因物質でもあります。

　二酸化硫黄（SO_2）に係る環境基準は、「1時間値の1日平均値が0.04ppm以下であり、かつ、1時間値が0.1ppm以下であること」となっています。

　令和元年度（2019年度）の環境基準達成率は、一般環境大気測定局で99.9％、自動車排出ガス測定局で100％となっています。

4）一酸化炭素（CO）

　無色無臭、空気よりやや軽い有毒な気体で、大気中の主な発生源は自動車です。一酸化炭素（CO）に係る環境基準は、「1時間値の1日平均値が10ppm以下であり、かつ、1時間値の8時間平均値が20ppm以下であること」となっています。

令和元年度（2019 年度）の環境基準達成率は、すべての測定局で 100 ％となっています。

5）浮遊粒子状物質（SPM；Suspended Particulate Matter）

大気中に浮遊する粒子状物質で、その粒径が $10\mu m$（0.01mm）以下のものをいいます。浮遊粒子状物質（SPM）に係る環境基準は、「1 時間値の 1 日平均値が $0.10mg/m^3$ 以下であり、かつ、1 時間値が $0.20mg/m^3$ 以下であること」となっています。

令和元年度（2019 年度）の環境基準達成率は、一般環境大気測定局で 100 ％、自動車排出ガス測定局で 100 ％となっています。

6）二酸化窒素（NO₂）

窒素化合物（NOx）の 1 種で、代表的な大気汚染物質の 1 つとして、大気汚染防止法で規制・監視の対象となっています。

工場の煙や自動車排気ガスなどから放出される大部分は一酸化窒素（NO）ですが、大気環境中で紫外線などにより酸素と反応して二酸化窒素（NO₂）に酸化します。光化学オキシダントの原因物質でもあります。

二酸化窒素に係る環境基準は、「1 時間値の 1 日平均値が 0.04〜0.06ppm までのゾーン内またはそれ以下であること、またゾーン内にある地域については原則として現状程度の水準を維持またはこれを大きく上回らないこと」となっています。

令和元年度（2019 年度）の環境基準達成率は、一般環境大気測定局で 100 ％、自動車排出ガス測定局で 99.7 ％となっています。

7）光化学オキシダント（Ox）

オゾン（O₃）、パーオキシアセチルナイトレート（PAN）その他の光化学反応により生成される酸化性物質（中性ヨウ化カリウム溶液からヨウ素を遊離するものに限り、二酸化窒素を除く）で、光化学スモッグの原因となる大気中の

酸化性物質の総称です。

　光化学オキシダント（Ox）に係る環境基準は、「1時間値が 0.06ppm 以下であること」となっています。

　令和元年度（2019 年度）の環境基準達成率は、一般環境大気測定局で 0.2 ％、自動車排出ガス測定局で 0 ％となっており、依然として極めて低い結果となっています。

8）微小粒子状物質（PM2.5；Particulate Matter 2.5）

　大気中に浮遊する粒子状物質であって、粒径が $2.5\mu m$（0.0025mm）の粒子を 50 ％の割合で分離できる分粒装置を用いて、より粒径の大きい粒子を除去した後に採取される粒子をいい、平成 21 年（2009 年）9 月から環境基準が設定されました。微小粒子状物質（PM2.5）に係る環境基準は、「1 年平均値が $15\mu g/m^3$ 以下であり、かつ、1 日平均値が $35\mu g/m^3$ 以下であること」となっています。

　令和元年度（2019 年度）の環境基準達成率（長期基準、短期基準共に達成した測定局）は、一般環境大気測定局で 98.7 ％、自動車排出ガス測定局で 98.3 ％となっています。

　直接大気中に放出される一次生成粒子と、気体として大気中に放出されたものが大気中で微粒子として生成される二次生成粒子があり、原因物質排出量と粒子生成量との関係が複雑なため、対策に向けた課題が多くあります。

9）有害大気汚染物質

　低濃度ではあるが多様な物質が環境大気中から検出され、その長期曝露による健康影響が懸念されている物質で、ベンゼン（C_6H_6）、トリクロロエチレン（C_2HCl_3）、テトラクロロエチレン（C_2Cl_4）、ジクロロメタン（CH_2Cl_2）の 4 物質に環境基準が設定されています。

　環境基準はそれぞれ、ベンゼンが 1 年平均値で $0.003mg/m^3$ 以下であること、トリクロロエチレンが 1 年平均値で $0.2mg/m^3$ 以下であること、テトラクロロ

エチレンが１年平均値で 0.2mg/m³ 以下であること、ジクロロメタンが１年平均値で 0.15mg/m³ 以下であることとされています。

10）自動車 NOx・PM 法

正式名称を「自動車から排出される窒素酸化物及び粒子状物質の特定地域における総量の削減等に関する特別措置法」といい、都市部（首都圏、愛知・三重圏、大阪・兵庫圏）での自動車による窒素酸化物や粒子状物質による大気汚染の総排出量の削減を目指すもので、平成４年（1992 年）12 月に施行されました。総量削減のための枠組みの設定、総量削減のための具体的対策の実施を定めています。

11）アスベスト

石綿とも呼ばれる天然の鉱物繊維で、耐熱性、耐薬品性、絶縁性に優れ、安価な工業材料であることから、特に吹付けアスベストとして、ビルの耐火材、耐熱材として昭和 50 年初頭まで使用されていました。

飛散したアスベスト繊維を吸入すると繊維は肺の中に残り、肺がんや中皮腫、肺の慢性線維症の原因になります。

12）ばいじん

大気汚染防止法では、燃料その他の物の燃焼または熱源としての電気の使用に伴い発生するものと定義され、濃度規制方式で、施設の種類や規模ごとに規制を定めています。物の破砕やたい積などにより発生し、または飛散するものは、粉じんとして区別しています。

13）酸性雨

大気中に放出される二酸化硫黄（SO_2）や窒素酸化物（NOx）などを起源とする酸性物質が、雨・雪・霧などに溶け込んで降ってくる現象です。一般に、酸性雨の目安は pH5.6 以下とされています。

14）黄砂

中国大陸内陸部のタクラマカン砂漠、ゴビ砂漠や黄土高原などの乾燥・半乾燥地域から、偏西風に乗って日本に飛来する土壌・鉱物粒子です。気象庁の観測では、平成3年（1991年）から平成12年（2000年）の10年間の平均186日に対して、平成13年（2001年）から平成22年（2010年）の10年間の平均が358日と大きく増加しています。

15）ヒートアイランド現象

都市での高密度エネルギー消費や地面のコンクリート・アスファルトによる水分蒸発による気温低下の妨げによって、郊外部に比べて気温が高くなる現象をいい、等温線を描くと都市部を中心に「島」のように見えるために、アイランドという名称で呼ばれています。近年は、打ち水による気温低下が見直されています。

（3）悪臭

1）悪臭防止法

工場その他の事業場における事業活動に伴って発生する悪臭について必要な規制を行い、そのほか悪臭防止対策を推進することにより、生活環境を保全し、国民の健康の保護に資することを目的とした法律で、昭和47年（1972年）5月に施行されました。

規制対象はすべての工場・事業所で、特定悪臭物質（22物質）の濃度、または臭気指数（嗅覚を用いた測定法による基準）によって規制されます。平成12年（2000年）5月の改正で、臭気測定業務従事者（臭気判定士）制度や事故時の措置について規定されました。

2）臭気指数

臭気濃度の常用対数値に10を乗じた数値です。臭気指数には、敷地境界線の規制基準、気体排出口の規制基準、排出水の規制基準の3つの規制基準があ

ります。

（4）土壌

1）土壌汚染対策法、土壌汚染

　土壌汚染の状況の把握に関する措置及びその汚染による人の健康被害の防止に関する措置を定めることなどにより、土壌汚染対策の実施を図り、もって国民の健康を保護する目的の法律で、平成 15 年（2003 年）2 月に施行されました。

　土壌汚染状況調査、指定区域の指定・台帳の調製、土壌汚染による健康被害の防止措置、汚染の除去等の措置に要した費用の請求、土地の形質変更の届出及び計画変更命令などが定められています。

2）土壌の汚染に係る環境基準

　土壌の汚染に係る環境上の条件について、人の健康を保護し、生活環境を保全する上で維持することが望ましい基準で、カドミウムをはじめとして、27 項目の環境基準と測定方法が定められています。

3）揮発性有機化合物（VOC；Volatile Organic Compounds）

　揮発性を有し、大気中で気体状となる有機化合物の総称で、トルエン、キシレン、酢酸エチルなど多種多様な物質が含まれます。

　浮遊粒子状物質や光化学オキシダントの原因となることから、平成 18 年（2006 年）4 月から排出規制が開始されました。

　特徴として、水に溶けにくい、土壌に吸着しにくい、粘性が低い、土壌中で分解されにくいなどの性質を持ち、比重が大きいため、土壌に進入すると下層に移動しやすく、地下水汚染を引き起こす原因となります。

　身近な例では、ドライクリーニングに使用されるため、大規模な事業場跡地などでは検出される可能性があります。

4）重金属

　比重 4 以上の金属をいい、カドミウム、鉛、ヒ素、水銀など人体に重大な影響を与えるおそれのある重金属には、各種環境基準や規制値が定められています。

（5）その他

1）化学物質審査規制法（化審法）

　正式名称を「化学物質の審査及び製造等の規制に関する法律」といいます。新たに製造・輸入される化学物質について事前に人への有害性などについての審査、環境を経由して人の健康を損なうおそれがある化学物質の製造、輸入及び使用の規制を目的とした法律です。昭和 49 年（1974 年）4 月に施行されました。

2）化学物質排出把握管理促進法（化管法、PRTR 法）

　正式名称を「特定化学物質の環境への排出量の把握等及び管理の改善の促進に関する法律」といい、環境の保全に係る化学物質の管理に関して、事業者による化学物質の自主的な管理の改善を促進し、環境の保全上の支障を未然に防止することを目的とした法律です。平成 12 年（2000 年）3 月に施行されました。

3）PRTR 制度（Pollutant Release and Transfer Register：化学物質排出移動量届出制度）

　人の健康や生態系に有害なおそれがある化学物質について、事業者自らが環境中への排出量や廃棄物を含めた移動量を把握して国に報告し、国は事業者からの届出や統計資料等を用いた推計に基づき、排出量・移動量を集計・公表する仕組みをいい、化学物質排出把握管理促進法において定められた制度です。

　PRTR 制度の対象化学物質は、第一種指定化学物質で、人や生態系への有害性があり、暴露可能性が高いと認められる 462 物質が指定されています。対象業種は、政令で指定された 24 業種となっています。

４）SDS 制度（MSDS 制度）

化学物質またはそれを含有する製品を他の事業者に譲渡または提供する際に、SDS（Safety Data Sheet；安全データシート）により、その化学品の特性及び取扱いに関する情報を事前に提供することを義務付けるとともに、ラベルによる表示を求めるもので、化学物質排出把握管理促進法において定められた制度です。

これまでは、MSDS（化学物質等安全データシート：Material Safety Data Sheet）と称されていましたが、国際整合の観点でSDSに統一されました。

５）第一種指定化学物質

化学物質排出把握管理促進法（PRTR 法）において、揮発性炭化水素（ベンゼン、トルエン、キシレンなど）、有機塩素系化合物（ダイオキシン類、トリクロロエチレンなど）、農薬（臭化メチル、フェニトロチオン、クロルピリホスなど）、金属化合物（鉛及びその化合物、有機スズ化合物など）、オゾン層破壊物質（CFC、HCFC など）、石綿など462 物質を第一種指定化学物質としています。

そのうち、石綿、カドミウム、六価クロム化合物、塩化ビニル、ダイオキシン類、ヒ素など、発がん性、生殖細胞変異原性及び生殖発生毒性が認められる15 物質を「特定第一種指定化学物質」として指定しています。

６）第二種指定化学物質

化学物質排出把握管理促進法において、アセトアミド、ビフェニルなどの100 物質を第二種指定化学物質としています。SDS 制度では、第一種指定化学物質とともに、指定対象物質となります。

７）残留性有機汚染物質に関するストックホルム条約

残留性有機汚染物質条約、POPs 条約とも呼ばれ、残留性有機汚染物質（POPs；Persistent Organic Pollutants）の減少を目的として、それらの指定

物質の製造・使用・輸出入の禁止または制限をする条約です。平成13年（2001年）に採択され、平成16年（2004年）に発効しました。日本は平成14年（2002年）に受諾しています。

PCBの平成37年（2025年）までの使用の全廃や、平成40年（2028年）までの廃棄物の適正な管理を定めています。

8）残留性有機汚染物質（POPs）

環境中で分解されにくく、生物体内に蓄積しやすく、地球上で長距離を移動して離れた国への環境にも影響を及ぼすおそれがあり、一旦環境中に排出されると人体に有害な影響を及ぼしかねない化学物質をいい、ダイオキシン類やPCB（ポリ塩化ビフェニル）、DDT（ジクロロジフェニルトリクロロエタン）などがあげられます。

9）汚染者負担の原則（PPP；Polluter-Pays Principle）

公害を発生させた企業が、汚染防止費用の負担だけではなく、汚染環境の修復費用や公害被害者の補償費用も負うことを原則とするという考え方です。

10）ダイオキシン類対策特別措置法

ダイオキシン類による環境の汚染の防止及びその除去をするため、ダイオキシン類に関する施策の基本とすべき基準を定めるとともに、必要な規制、汚染土壌に係る措置等を定めることにより、国民の健康の保護を図ることを目的とする法律で、平成12年（2000年）1月に施行されました。

11）ダイオキシン類の環境基準

ダイオキシン類対策特別措置法では、施策の基本として、ダイオキシン類の環境基準を定めています。

大気では年平均値 0.6pg-TEQ/m³ 以下、水質では年平均値 1pg-TEQ/L 以下、底質では 150pg-TEQ/g 以下、土壌では 1,000pg-TEQ/g 以下を環境基準とし

ています。土壌にあっては、250pg-TEQ/g（調査指標）以上の場合には必要な調査を実施することとしています。

12）パーフルオロオクタンスルホン酸（PFOS）、パーフルオロオクタン酸（PFOA）

　環境で分解されにくく、蓄積性が高い物質であり、生物や人に対する有害性が懸念されています。現在、国内外における規制対象物質となっており、令和2年環境省により「人の健康の保護に関する要監視項目」に指定されています。

第 4 章

地球環境の保全

1. 問題と解説

（1）地球温暖化

Ⅲ－10

2020年4月に環境省から公表された「2018年度（平成30年度）の温室効果ガス排出量（確報値）」における、我が国の温室効果ガスの排出状況に関する次の記述のうち、最も不適切なものはどれか。なお、ここでいう「温室効果ガス」は、「二酸化炭素、メタン、一酸化二窒素及び代替フロン等4ガス（HFC、PFC、SF6、NF3）」の4種類である。

① 我が国の温室効果ガスの総排出量（二酸化炭素換算、以下同じ。）は、2014年度以降2018年度まで5年連続で減少している。

② 我が国における2018年度の温室効果ガス排出量を温室効果ガスの種類別にみると、最も排出量が多いのは二酸化炭素であった。

③ 我が国における温室効果ガスの種類別排出量について、2018年度の値と2017年度の値を比較すると、4種類の温室効果ガスすべてについて、その排出量が減少していた。

④ 我が国における実質GDP当たりの温室効果ガスの総排出量（二酸化炭素換算）は、2013年度以降6年連続で減少している。

⑤ 2017年度と比べて2018年度の温室効果ガス総排出量（二酸化炭素換算）が減少した要因としては、電力の低炭素化に伴う電力由来のCO_2排出量の減少やエネルギー消費量の減少（省エネ、暖冬等）により、エネルギー起源のCO_2排出量が減少したこと等が挙げられる。

【解説】

環境省、2018 年度（平成 30 年度）の温室効果ガス排出量（確報値）より。

①（○）適切。実績は、2018 年度総排出量は 12 億 4,000 万トンで、前年度 12 億 9100 万トンから、3.9 ％（5,100 万トン）、2013 年度比 12.0 ％（1 億 7,000 万トン）減少となっており、6 年連続で減少傾向が続いています。

②（○）適切。内訳は、二酸化炭素 91.7 ％、メタン 2.4 ％、一酸化二窒素 1.6 ％、代替フロン等 4 ガス 4.3 ％です。

③（×）不適切。代替フロン等 4 ガスは年々増加しています。全体で前年度比 ＋3.7 ％です。内訳は、HFCs：＋4.7 ％、PFCs：－0.7 ％、SF6：－1.3 ％、NF3：－37.2 ％

④、⑤（○）適切。記述のとおりです。2019 年度（令和元年度）の温室効果ガス排出量（確報値）の概要は次のとおりであり、全体の傾向は大きく変わりません。

以下、環境省ウェブサイト「温室効果ガス排出・吸収量等の算定と報告」（https://www.env.go.jp/earth/ondanka/ghg-mrv/emissions/）では次のように記述されています。

・2019 年度の我が国の温室効果ガスの総排出量（注 2）は、12 億 1,200 万トン（二酸化炭素（CO_2）換算。以下同じ。）。

・前年度の総排出量（12 億 4,700 万トン）と比べて、2.9 ％（3,600 万トン）の減少。

・2013 年度の総排出量（14 億 800 万トン）と比べて、14.0 ％（1 億 9,700 万トン）の減少。

・2005 年度の総排出量（13 億 8,100 万トン）と比べて、12.3 ％（1 億 7,000 万トン）の減少。

【解答】③

【キーワード】温室効果ガス、気候変動、代替フロン

Ⅲ－1

IPCC が 2018 年 10 月に公表した「1.5℃の地球温暖化：気候変動の脅威への世界的な対応の強化、持続可能な開発及び貧困撲滅への努力の文脈における、工業化以前の水準から 1.5℃の地球温暖化による影響及び関連する地球全体での温室効果ガス（GHG）排出経路に関する IPCC 特別報告書」の内容に関する次の記述のうち、最も不適切なものはどれか。

① 人為的な活動により、工業化以前と比べ現時点（2017 年）で約 1℃温暖化しており、現在の進行速度で温暖化が続けば、2050 年から今世紀末までの間に 1.5℃に達する可能性が高い。

② 現在と 1.5℃の温暖化の間及び 1.5℃と 2℃の地球温暖化との間には、地域的な気候特性における影響に明確な違いがある。

③ 将来の平均気温上昇が 1.5℃を大きく超えないような排出経路は、2050 年前後には世界の二酸化炭素排出量が正味ゼロとなっている。

④ 2050 年前後において世界の二酸化炭素排出量が正味ゼロを達成するには、エネルギー、土地、都市及びインフラ（運輸と建物を含む）、並びに産業システムにおける、急速かつ広範囲に及ぶ移行が必要であろう。これらのシステム移行は、すべての部門における大幅な排出削減及び広範な緩和の選択肢のポートフォリオ、並びにこれらの選択肢に対する投資の大幅なスケールアップを意味する。

⑤ パリ協定の下で各国が提出している目標による 2030 年の排出量では、1.5℃に抑制することはできず、将来の大規模な二酸化炭素除去技術の導入が必要となる可能性がある。

（令和 3 年度出題）

【解説】

同報告書より。

① （×）不適切。"2050 年から〜"の記述が誤りです。"地球温暖化は、現在の進行速度で増加し続けると、2030 年から 2052 年の間に 1.5℃ に達する可能性が高い。"としています。

②〜⑤ （○）適切。同報告書に記述されているとおりです。

【解答】①

【キーワード】IPCC 特別報告書、パリ協定

Ⅲ−2

地球温暖化問題の現状に関する次の記述のうち、最も不適切なものはどれか。

① 日本の 2018 年度の温室効果ガス総排出量は、約 12 億 4,000 万トン CO_2 で、2013 年度の総排出量と比べて 12.0 ％減少した。

② 日本における 2018 年度のエネルギー起源の CO_2 排出量は 10 億 5,900 万トン CO_2 で、部門別に分けると、間接排出について家庭部門からの排出量は 1 億 6,600 万トン CO_2 であった。

③ 温室効果ガス排出量の算定に関して、2013 年度から新たに六ふっ化硫黄を温室効果ガスとして追加している。

④ 国際的にクロロフルオロカーボン（CFC）からの代替が進むハイドロクロロフルオロカーボン（HCFC）、及び CFC・HCFC からの代替が進むオゾン層を破壊しないものの温室効果の高いガスである HFC の大気中濃度は、増加の傾向にある。

⑤ CO_2 以外の温室効果ガスの 2018 年度における排出量は、2013 年度に比べてメタン、一酸化二窒素は減少した一方で、ハイドロフルオロカーボン類（HFCs）排出量は約 45 ％近く増加している。

（令和 3 年度出題）

【解説】

環境省、2018 年度（平成 30 年度）の温室効果ガス排出量（確報値）より。前述の令和 2 年度出題「Ⅲ－10」の解説と同様です。

①、②、④、⑤（○）適切。記述のとおりです。

③（×）不適切。平成 9 年（1997 年）京都議定書で、CO_2 以外に、メタン（CH_4）、一酸化二窒素（N_2O）、ハイドロフルオロカーボン類（HFCs）、パーフルオロカーボン類（PFCs）、六フッ化硫黄（SF_6）の全 6 種類を削減すべき、温室効果ガスとして定義しました。

【解答】③

【キーワード】温室効果ガス

Ⅲ－3

低炭素あるいは脱炭素社会の実現に向けて想定・推進されている技術開発や制度・体制に関する環境用語（英文略語）とその内容に関する次の説明のうち、最も不適切なものはどれか。

① BECCS：「炭素回収・貯留付きバイオエネルギー」を指し、エネルギー利用のためバイオマスを燃焼させたとき CO_2 は排出されるが、バイオマスのライフサイクル全体での排出量は変わらない（カーボンニュートラル）。この CO_2 を回収し、地中に貯留すれば、大気中の CO_2 は純減となる技術。

② CCS：「炭素回収・有効利用・貯留」を指し、火力発電所等から排出される CO_2 を分離・回収し、CO_2 を有価物に変換し有効利用、あるいは貯留する技術。

③ FCV：「燃料電池自動車」を指し、燃料電池で水素と酸素の化学反応によって発電した電気エネルギーを使って、モーターを回して走る自動車。

④ JCM：「二国間クレジット制度」を指し、途上国と協力して温室効果ガスの削減に取り組み、削減の成果を両国で分け合う制度。

⑤ ZEB：「ネット・ゼロ・エネルギー・ビル」を指し、快適な室内環境を実現しながら、建物で消費する年間の一次エネルギーの収支をゼロにすることを目指した建築物のことを指す。

(令和3年度出題)

【解説】

① （○）適切。BECCS：Bio Energy with Carbon Capture and Storage

② （×）不適切。CCS：Carbon dioxide Capture and Storage

発電所や工場などからの CO_2 を分離して、地中深く圧入、貯留する技術です。"有価物に変換し有効利用"の記述が誤りです。

③ （○）適切。FCV：Fuel Cell Vehicle

④ （○）適切。JCM：Joint Crediting Mechanism

⑤ （○）適切。ZEB：Net Zero Energy Building

【解答】②

【キーワード】CCS、BECCS、FCV、JCM、ZEB

(2) オゾン層、フロン

Ⅲ－2

オゾン層及びオゾン層破壊に関連する次の記述のうち、最も不適切なものはどれか。

① 地中のバクテリアの脱窒・硝化作用などによって発生する一酸化二窒素（N_2O）は、対流圏では分解過程がないため成層圏にまで運ばれて、オゾン層破壊の原因物質となる。

② 人為起源のものがオゾン層を破壊するメカニズムとして、フロン類

85

などの分解による塩素原子供給がある。

③　大気中のオゾンは、光化学反応により生成し、大気中に存在している。特に、対流圏のオゾン濃度は、成層圏の濃度に比べはるかに高い。

④　南極オゾンホールは、南極極渦内という特定の地域で、10月頃（南極の春先）の特定の短い間に、高度15km付近で著しい濃度低下を示すという特徴がある。

⑤　フロン類の破壊施設には、混焼炉の廃棄物混焼法方式施設やセメント・石灰焼成炉混入法方式施設、専焼炉の液中燃焼法方式施設やプラズマ法方式施設などがある。

（令和元年度(再)出題）

【解説】

①、②、④、⑤適切。記述のとおりです。

③（×）不適切。オゾンの割合は成層圏で90％、対流圏で10％といわれています。したがって、"対流圏のオゾン濃度は、成層圏の濃度に比べはるかに高い"の記述が誤りです。

【解答】③

【キーワード】オゾン層

Ⅲ－9

オゾンホールに関する次の記述のうち、最も不適切なものはどれか。

①　オゾンホールは南極上空のオゾン量が極端に少なくなる現象で、季節変化をする。

②　「『世界気象機関（WMO）／国連環境計画（UNEP）オゾン層破壊の科学アセスメント2018』の総括要旨の概要（気象庁仮訳）」（以下、「オゾン層破壊の科学アセスメント」という。）によれば、モントリ

オール議定書の下に実施された施策により、成層圏オゾンの回復が始まっている。

③ 「オゾン層破壊の科学アセスメント」によれば、南極オゾンホールは回復傾向にある。

④ 「オゾン層破壊の科学アセスメント」によれば、成層圏オゾンの保護のためには、モントリオール議定書を継続して遵守することが不可欠である。

⑤ 北極上空でも、南極オゾンホールと同じように大規模なオゾン層破壊が、たびたび観測されている。

（令和元年度出題）

【解説】

①（○）適切。南極のオゾンホールは南半球の冬期から春季に発生します。オゾン全量は、中高緯度では冬期から春季にかけて多くなります。

②〜④（○）適切。記述のとおりです。

⑤（×）不適切。気象庁ウェブサイト「北極で南極のような大規模なオゾンホールが発生しない理由」（https://www.data.jma.go.jp/gmd/env/ozonehp/3-23ozone_o3hole_npcomp.html）では次のように解説されています。

"1990年代以降、北極域上空でもオゾン層の顕著な破壊が数年おきに観測されています。しかし、北極域上空のオゾン層破壊は、南極オゾンホールほどには大規模にならないことがほとんどです。これは、北極の冬季の下部成層圏の気温が南極よりも高く、また、北極の極渦は南極の極渦よりも安定しないためです。"

【解答】⑤

【キーワード】オゾンホール、モントリオール議定書

Ⅲ-9

　国連が定めた「我々の世界を変革する：持続可能な開発のための 2030 アジェンダ」及び「持続可能な開発目標（以下、SDGs という。）」に関する次の記述のうち、最も不適切なものはどれか。

① 「我々の世界を変革する：持続可能な開発のための 2030 アジェンダ」は、2015 年 9 月の国連サミットで採択された．
② SDGs は、アジェンダ 21 の後継として、「我々の世界を変革する：持続可能な開発のための 2030 アジェンダ」に記載された 2030 年までの国際目標である。
③ SDGs は、発展途上国のみならず、先進国自身が取り組むユニバーサル（普遍的）な目標である。
④ SDGs では、気候変動や環境劣化に係る目標に加え、貧困の撲滅、不平等の是正など私たちが直面する諸課題に係る目標を掲げている。
⑤ 2030 年までに SDGs を達成するため、2020 年 1 月、SDGs 達成のための「行動の 10 年」がスタートした。

（令和 2 年度出題）

【解説】

　SDGs については、外務省ウェブサイト「SDGs とは？」（https://www.mofa.go.jp/mofaj/gaiko/oda/sdgs/about/index.html）で次のように解説されています。

　"〜2030 年までに持続可能でよりよい世界を目指す国際目標です。17 のゴール・169 のターゲットから構成され，地球上の「誰一人取り残さない（leave no one behind）」ことを誓っています。〜"

　17 のゴールは、貧困、飢餓、保健、教育、ジェンダー、水・衛生、エネルギー、成長・雇用など多岐にわたっています。

①、③〜⑤（○）適切。

②（×）不適切。"2001 年に策定されたミレニアム開発目標（Millennium Development Goals：MDGs）の後継として国連で定められた、2016 年から 2030 年までの国際目標"です。"アジェンダ 21 の後継"の記述が誤りです（アジェンダ 21 は 1992 年）。

【解答】②

【キーワード】SDGs、サスティナビリティ

2. 主要キーワードと解説

（1）地球温暖化

1）温室効果ガス（GHG；Green house gas）

　大気圏にあって、地表から放射された赤外線を一部吸収して再び地球に放射することにより、地球の冷却機能を阻害する気体の総称で、地球温暖化の主な原因とされています。

　京都議定書では、二酸化炭素（CO_2）、メタン（CH_4）、一酸化二窒素（N_2O）、ハイドロフルオロカーボン（HFCs）、パーフルオロカーボン（PFCs）、六ふっ化硫黄（SF_6）の6物質が温室効果ガスとして排出削減対象となっています。日本が排出する温室効果ガスは、全体排出量の 92.4 ％（2016 年度）を二酸化炭素が占めています。

2）二酸化炭素総排出量

　世界のエネルギー起源の二酸化炭素総排出量（2015 年）は約 329 億トンで、国別に見ると、中国（28.4 ％）が最も多く、次いで米国、インド、ロシア、日本の順となっています。

3）気候変動に関する政府間パネル（IPCC；Intergovernmental Panel on Climate Change）

　人為起源による気候変化、影響、適応及び緩和方策に関し、科学的、技術的、社会経済学的な見地から包括的な評価を行うことを目的として、昭和 63 年（1988 年）に世界気象機関（WMO）と国連環境計画（UNEP）によって設立された政府間組織です。

これまでに、5次にわたり評価報告書を公開しています。

4）気候変動枠組条約（UNFCCC；United Nations Framework Convention on Climate Change）

　正式名称を「気候変動に関する国際連合枠組条約」といい、国連の下、大気中の温室効果ガスの濃度を安定化させることを究極の目標とした国際的枠組みを決めた条約です。

　条約では、締約国の共通だが差異のある責任、開発途上締約国等の国別事情の勘案、速やかかつ有効な予防措置の実施などの原則のもと、先進締約国に対して、温室効果ガスの削減政策の実施義務が課せられています。

5）京都議定書

　正式名称を「気候変動に関する国際連合枠組条約の京都議定書」といい、平成9年（1997年）12月に京都で開催された第3回気候変動枠組条約締約国会議（COP3）において採択されました。

　温室効果ガス削減の数値目標（削減割合として日本が6％、EUが8％、米国が7％など）が定められるとともに、京都メカニズム（排出量取引、共同実施、クリーン開発メカニズム）などの仕組みが盛り込まれました。

　数値目標の基準年は平成2年（1990年）とし、HFCs、PFCs、SF_6については1995年としてもよいと設定されました。

　平成20年（2008年）から平成24年（2012年）の5年間を第一約束期間としています。平成16年（2004年）にロシアが批准したことにより、平成17年（2005年）2月に発効しました。日本は平成14年（2002年）6月に批准しました。平成19年（2007年）にオーストラリアが京都議定書に調印したため、先進国では米国だけが批准をしていません。

　温室効果ガスの大量発生国である中国とインドは、議定書に批准していますが、当時途上国とみなされていたため規制対象外となっています。

6）京都メカニズム

　京都議定書において、温室効果ガス削減に向けて、国際的に協調して約束を達成するために盛り込まれた 3 つの制度で、「共同実施（JI）」、「クリーン開発メカニズム（CDM）」、「排出量取引」からなっています。

7）共同実施（JI）

　先進国同士が温室効果ガスの排出削減・吸収増進事業を共同で行い、その結果生じた削減量・吸収量を投資国が自国の削減目標達成のために利用できる制度です。

8）クリーン開発メカニズム（CDM）

　先進国と途上国が共同で排出削減・植林事業を行い、その結果生じた削減量・吸収量を「認証された排出削減量（クレジット）」として事業に貢献した当該先進国が獲得できる制度です。

9）排出量取引

　京都議定書に盛り込まれた京都メカニズムの 1 つで、先進国同士が、温室効果ガスの排出枠の一部を取引することができる制度です。

10）カーボンフットプリント制度

　商品・サービスの原料調達から廃棄・リサイクルまでに排出される温室効果ガスを CO_2 量に換算して商品に表示する仕組みで、温室効果ガス排出量の「見える化」を促進する制度です。

11）カーボン・オフセット

　日常生活や企業活動などによる温室効果ガス排出量のうち、どうしても削減が困難な量の全部または一部に対して、ほかの場所で実現した排出削減や森林吸収などの削減活動への投資などにより、排出される温室効果ガスを埋め合わ

せるという考え方です。"カーボン・オフセットはがき"をはじめ、商品やサービスの事例があります。

12) パリ協定

2015年の「国連気候変動枠組条約締約国会議（COP21）」で合意された、温室効果ガス排出削減に向けた京都議定書に代わる2020年以降の国際枠組みです。

具体的には、"世界共通の長期目標として2℃目標の設定。1.5℃に抑える努力を追求すること"などが含まれ、これを受けて主要国はカーボンニュートラルをコミットしました。

13) カーボンニュートラル

環境省ウェブサイト「脱炭素ポータル」（https://ondankataisaku.env.go.jp/carbon_neutral/about/）よると、2020年10月、政府は2050年までに温室効果ガスの排出を全体としてゼロにする、カーボンニュートラルを目指すことを宣言しました。

「排出を全体としてゼロ」というのは、二酸化炭素をはじめとする温室効果ガスの「排出量」※から、植林、森林管理などによる「吸収量」※を差し引いて、合計を実質的にゼロにすることを意味しています（※人為的なもの）。

この背景にはCOP21パリ協定の2℃目標があります。カーボンニュートラルは国内産業においても重要課題として取組みが始まっており、カーボンニュートラルは多くの企業でコミットされ始めました。

14) SBT（Science Based Targets）

環境省ウェブサイト「グリーン・バリューチェーンプラットフォーム」（https://www.env.go.jp/earth/ondanka/supply_chain/gvc/intr_trends.html）では次のように解説されています

"Science Based Targets は、パリ協定（世界の気温上昇を産業革命前より

2℃を十分に下回る水準（Well Below 2℃）に抑え、また 1.5℃に抑えることを目指すもの）が求める水準と整合した、5 年～15 年先を目標年として企業が設定する、温室効果ガス排出削減目標のことです。"

　我が国においては、SBT への参加企業は、2021 年 12 月時点で 173 社に上っており、増加を続けています。

（2）オゾン層、フロン

1）フロン排出抑制法（フロン回収破壊法）

　フロン回収破壊法（フロン類の使用の合理化及び管理の適正化に関する法律）として平成 27 年（2015 年）4 月 1 日より施行されました。これまでは、フロン回収破壊法でしたが、名称が改正されています。

　これまでの「フロン回収破壊法」では、特定機器の使用済フロン類の回収・破壊が制度の対象でした。改正により、製造輸入業者には削減義務、ユーザーには点検による漏えい防止、漏えい時の報告義務などが強化されて施行されました。

2）オゾン層破壊物質

　オゾン層破壊物質には、クロロフルオロカーボン（CFCs）、ハイドロクロロフルオロカーボン（HCFCs）、ハロン、四塩化炭素、1.1.1 - トリクロロエタン（メチルクロロホルム）、臭化メチルなどがあります。

　これからの物質は、モントリオール議定書によって、生産量や消費量、全廃までの規制スケジュールが、先進国、開発途上国別に決められています。

3）代替フロン

　規制の対象となるフロンに代わって使用される物質で、ハイドロフルオロカーボン（HFCs）、パーフルオロカーボン（PFCs）、六ふっ化硫黄（SF_6）がありますが、強力な温室効果ガスであるため、いずれも京都議定書の削減対象物質になっています。

4）モントリオール議定書

　正式名称を「オゾン層を破壊する物質に関するモントリオール議定書」といい、昭和62年（1987年）に採択され、平成元年（1989年）に発効しました。日本は昭和63年（1988年）に加盟しました。

　「オゾン層の保護のためのウィーン条約」に基づき、オゾン層を破壊する物質の削減スケジュールなどの具体的な規制措置を定めたものですが、オゾン層の破壊が当初の予想以上に進展していることを受けて6度にわたり段階的に規制強化が行われています。

（3）エネルギー

1）エネルギーの使用の合理化に関する法律（省エネ法）

　エネルギーの使用の合理化に関する法律内外のエネルギーをめぐる経済的社会的環境に応じた燃料資源の有効な利用の確保と、工場・事業場、輸送、建築物、機械器具についてのエネルギーの使用の合理化を総合的に進めるための必要な措置を講ずることなどを目的に、昭和54年（1979年）10月に施行されました。平成10年（1998年）に大幅な改正が行われ、トップランナー方式の導入、省エネラベリング制度などが定められました。さらに、平成26年（2014年）に改正され、電力需要の平準化、トップランナー方式については、これまでに機械器具から建築材料へと拡大などが規定されました。

2）再生可能エネルギー

　エネルギー源として一度利用しても比較的短期間に再生が可能であり、資源が枯渇しないエネルギーの総称をいい、具体例として、太陽光、太陽熱、風力、水力、地熱、バイオマスなどがあげられます。

　導入コストや導入のためのノウハウなどが課題となっています。

3）バイオマス・エネルギー

　太陽エネルギーが植物により変換され、生物体内に貯えられた有機物を利用

する再生可能エネルギーの 1 つです。バイオマスを燃焼させてエネルギーとして利用しても、元来大気中にある二酸化炭素が固定されたものであるため、利用と同時にバイオマスを育成すれば追加的な二酸化炭素が発生しません。これをカーボンニュートラルといいます。

（4）その他

1）SDGs

　外務省ウェブサイト「SDGs とは？」（https://www.mofa.go.jp/mofaj/gaiko/oda/sdgs/about/index.html）では次のように解説されています。

　"持続可能な開発目標（SDGs：Sustainable Development Goals）とは、2001 年に策定されたミレニアム開発目標（MDGs）の後継として，2015 年 9 月の国連サミットで加盟国の全会一致で採択された「持続可能な開発のための 2030 アジェンダ」に記載された、2030 年までに持続可能でよりよい世界を目指す国際目標です。17 のゴール・169 のターゲットから構成され、地球上の「誰一人取り残さない（leave no one behind)」ことを誓っています。SDGs は発展途上国のみならず、先進国自身が取り組むユニバーサル（普遍的）なものであり、日本としても積極的に取り組んでいます。"

第5章

廃棄物等の物質循環の管理

1. 問題と解説

（1）廃棄物、廃棄物処理

Ⅲ−8

　次の廃棄物が、産業廃棄物として事業場から排出される場合、特別管理産業廃棄物に該当しないものはどれか。

① 廃油（揮発油類、灯油類、軽油類）

② pH2.0 以下の廃酸

③ pH12.5 以上の廃アルカリ

④ 廃ポリ塩化ビフェニル、ポリ塩化ビフェニル含有廃油

⑤ 建物解体で生じたスレート板で、かつ石綿が 0.1 重量%を超えるもの（ただし、廃石綿等を除く）

（平成 28 年度出題）

【解説】

　①〜④（○）該当する。いずれも特別管理産業廃棄物です。

　⑤（×）該当しない。設問の廃棄物は石綿含有廃棄物となるので、通常の産業廃棄物となります。石綿含有廃棄物は石綿を含んでいますが、セメントなどで固定されているため、非飛散性の石綿として扱われます。

　石綿について、特別管理産業廃棄物に該当するのは、以下の２つです。

・石綿含有吹付材、石綿含有保温材等

・建築物から除去された石綿含有吹付材、石綿含有保温材等

【解答】⑤

【キーワード】特別管理産業廃棄物

Ⅲ−12

「廃棄物の処理及び清掃に関する法律（以下、廃棄物処理法）」で規定する「廃棄物」に関する次の記述のうち、最も不適切なものはどれか。

① 廃棄物とは、ごみ、粗大ごみ、燃え殻、汚泥ふん尿、廃油、廃酸、廃アルカリ、動物の死体その他の汚物又は不要物であって、固形状又は液状のもの（放射性物質及びこれによって汚染された物を除く。）をいう。

② 廃棄物は一般廃棄物と産業廃棄物に区分される。

③ 産業廃棄物は、排出者である事業者の責任で処理される。一方、一般廃棄物は、基本的には都道府県の責任で処理される。

④ 産業廃棄物とは事業活動に伴って生じた廃棄物のうち、廃棄物処理法施行令で定められた20種類のものと、廃棄物処理法に規定する「輸入された廃棄物」を指す。

⑤ 一般廃棄物は産業廃棄物以外の廃棄物を指し、災害廃棄物は、一般廃棄物に分類される。

（令和元年度(再)出題）

【解説】

平成26年度の出題「Ⅲ−17」と平成30年度の出題「Ⅲ−12」が類似問題です。

①、②、④（○）適切。記述は、廃棄物処理法 第2条（定義）の内容です。

③（×）不適切。一般廃棄物の処理は市町村によって実施されます。都道府県は市町村に対する技術的な援助の責任が規定されています(同法第4条)。

⑤ （○）適切。災害廃棄物は、事業活動によって生じたものではないため一般廃棄物に該当します。

【解答】③

【キーワード】廃棄物処理法、産業廃棄物、一般廃棄物

Ⅲ-18

廃棄物や資源循環に関する次の記述のうち、最も不適切なものはどれか。

① リサイクルの適否を判断するために、リサイクルに要するエネルギーや環境負荷を定量的・科学的に評価して、通常の天然資源を用いた場合との比較を行う評価・分析手法は、LCA（Life Cycle Assessment）と呼ばれている。

② 「循環型社会形成推進基本法」における廃棄物・リサイクル対策の優先順位は、発生抑制、再使用、再生利用、熱回収、適正処分の順である。

③ 生活排水を処理する下水道終末処理場から下水処理の過程で排出される下水汚泥は、産業廃棄物である。

④ ごみの中間処理とは、脱水、粉砕、選別を指し、焼却は含まない。

⑤ 関与物質総量（TMR）とは、資源採取等に伴い目的の資源以外に採取・採掘される物質や廃棄物等として排出される物質などの「隠れたフロー」を含み、資源の持続可能性や地球規模の環境負荷を表すための１つの目安である。

(平成 25 年度出題)

【解説】

平成 24 年度の出題「Ⅳ-20」が類似問題です。

① （○）適切。LCA とは、製品に関わる資源採取から製造、使用、廃棄、

輸送などの段階を通し、投入資源や排出環境負荷、及びそれらによる地球や生態系への環境影響を定量的・客観的に評価する手法とされています。

②（○）適切。循環型社会形成推進基本法におけるリサイクルの優先順位は、発生抑制＞再使用＞再生利用＞熱回収＞適正処分としています。

③（○）適切。下水汚泥は、産業廃棄物に分類されています。

④（×）不適切。一般廃棄物は直接埋立、焼却、焼却以外の方法での中間処理に大別されます。焼却以外の中間処理施設には、粗大ごみを処理（破砕、圧縮など）する施設（粗大ごみ処理施設）、資源化する施設（資源化施設）、堆肥製造施設（高速堆肥化施設）などがあります。

⑤（○）適切。関与物質総量（Total Material Requirement；TMR）は、資源採取等による目的の資源以外に採取・採掘する、もしくは廃棄物等に排出される「隠れたフロー」を含み、資源利用の持続可能性や地球規模で与える環境負荷を定量的に表すための1つの目安と考えられています。

【解答】④

【キーワード】廃棄物の中間処理、LCA（ライフサイクルアセスメント）、循環型社会形成推進基本法、関与物質総量（TMR）、隠れたフロー、発生抑制、再使用、再生利用、熱回収（サーマルリサイクル）、適性処分

Ⅲ−1

　固形物濃度10％（重量）の汚泥を脱水して、水分80％（重量）の汚泥を得た。乾燥固形物1トン当たりの脱水操作により除去された水分は何トンか。

　① 1　　② 2　　③ 3　　④ 4　　⑤ 5

（平成25年度出題）

【解説】

　脱水操作による汚泥の含水率変化として考えると、汚泥は次の図のように A から B に変化すると考えます。

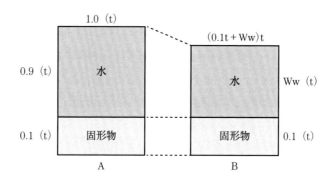

　汚泥 B の水分重量を Ww(t)とすれば、含水率 WB ＝ Ww(t)／(0.1＋Ww)(t) ＝0.8(t)となります。これより、Ww＝0.4(t)です。

汚泥 B 全体重量は、WB＝0.1(t)＋Ww＝0.1(t)＋0.4(t)＝0.5(t)です。

　脱水操作で除去した水分量は、汚泥変化による減水量ΔWw であることから、ΔWw＝0.9(t)－0.4(t)＝0.5(t)となります。

　このとき、固形物 0.1(t)当たりの減水量はΔWw＝0.5(t)より、固形物 1.0(t)当たりの除去された水分量は、ΔWw＝5.0(t)となります。

【解答】⑤

【キーワード】除去水分の計算

Ⅲ－19

　ある下水処理場への下水流入量が 10,000m³/日で、その浮遊物質濃度が 100mg/L である。処理場の浮遊物除去率が 94 ％で、汚泥の含水率が 90 ％であるとすると、毎日発生する汚泥体積はどれか。ただし、汚泥の比重は 1 で水と同じとする。

① 9.4L

② 9.4m³

③ 8.36m³

④ 600L

⑤ 600m³

（平成 26 年度出題）

【解説】

浮遊物濃度 100mg/L を m³ 当たりに換算すると、100g/m³ → 0.1kg/m³ となります。流入量 10,000m³/日より、日当たりの浮遊物量は、

$$10,000\,(\mathrm{m}^3/日)\times0.1\,(\mathrm{kg/m}^3)=1,000\mathrm{kg}/日$$

除去された汚泥分が日当たりの汚泥量なので、除去率 94 ％より、発生汚泥量のうち浮遊物量は、

$$1,000\mathrm{kg}/日\times94\％=940\mathrm{kg}/日$$

含水率 90 ％より、含水分を考慮すると次のようになります。

$$90\％=\frac{水の質量}{発生汚泥の質量}=\frac{水の質量}{除去された浮遊物の質量＋水}$$

$$=\frac{水の質量}{940\mathrm{kg}-水の質量}$$

以上より、水の質量は 8,460kg となります。

発生汚泥量は、水 8,460kg ＋浮遊物質 940kg ＝9,400kg

比重は 1 （水と同じ）とあるので、9,400kg → 9.4m³ となります。

【解答】②

【キーワード】汚泥体積の計算

<hr>

Ⅲ－11

環境省による「産業廃棄物の排出及び処理状況等（平成 30 年度実績）」

における産業廃棄物の排出及び処理状況等に関する記述のうち、最も適切なものはどれか。

① 産業廃棄物全体の処理状況を種類別に見ると、最終処分の比率が最も高い廃棄物は、廃プラスチック類（15 %）であった。

② 産業廃棄物の業種別排出量を見ると、農業、林業からの排出量が最も多い。

③ 全国の産業廃棄物の総排出量の推移を見ると、平成 30 年度は平成 29 年度調査時の値に比して、減少した。

④ 産業廃棄物の地域別排出量を見ると、近畿地方の排出量が最も多い。

⑤ 産業廃棄物の種類別排出量を見ると、がれき類が最も多い。

（令和 3 年度出題）

【解説】

「産業廃棄物の排出及び処理状況等（平成 30 年度実績）について」は、環境省ウェブサイト（https://www.env.go.jp/press/109265.html）で公開されています。

① （×）不適切。次のとおり報告されています。

"最終処分の比率が高い廃棄物は、ゴムくず（37 %）、燃え殻（17 %）、ガラスくず、コンクリートくず及び陶磁器くず（16 %）、廃プラスチック類（15 %）等であった。"

② （×）不適切。電気・ガス・熱供給・水道業からの排出が最も多く、26.1 %です。農業・林業からの排出は 21.4 %です。

③ （○）適切。平成 29 年度 383,544 千トン／年、平成 30 年度 378,832 千トン／年と減少しています。

④ （×）不適切。地域別排出量は、関東 26.1 %、中部 15.0 %、近畿 14.1 %、九州 14.1&、北海道 10.1 %、東北 10.0 %、中国 6.9 %、四国 3.7 %の順となっています。

⑤（×）不適切。種類別では、上位は汚泥 44.2 ％、動物のふん尿 21.3 ％、がれき類 14.9 ％となっています。

【解答】③

【キーワード】産業廃棄物

Ⅲ−12

環境省による「一般廃棄物処理事業実態調査の結果（令和元年度）」における、ごみ処理に関する記述のうち、最も不適切なものはどれか。

① ごみ総排出量は、平成 29 年度調査以降横ばいに推移している。

② 全国のごみ焼却施設総数は減少している。

③ ごみの中間処理量のうち直接焼却された量については、平成 23 年度以降、一貫して減少している。

④ 最終処分場の整備状況は、各都道府県単位で見ると地域的な偏りが大きい。

⑤ 一般廃棄物最終処分場の残余年数に係る全国平均の推移を見ると、平成 29 年度までは微増傾向が続いたが、平成 30 年度は微減が認められる。

(令和 3 年度出題)

【解説】

「一般廃棄物の排出及び処理状況等（令和元年度）について」は、環境省ウェブサイト（https://www.env.go.jp/recycle/waste_tech/ippan/r1/index.html）公開されており、そ調査結果が掲載されています。

① （○）適切。総排出量 4280 万トン付近で推移しています。

② （○）適切。平成元年度末現在のごみ焼却施設数は 1067 施設です（前年度は 1082 施設）。

③（×）不適切。平成 23 年度以降減少傾向でしたが令和 元年度は微増となっています。

④（○）適切。記述のとおりです。

⑤（○）適切。残余年数は 21.4 年（前年度 21.6 年）です。

【解答】③

【キーワード】一般廃棄物、残余年数

（2）リサイクル、リサイクル法、循環型社会の形成

Ⅲ－10

リサイクル関連諸法（略称法令名で表記）に関する次の記述のうち、最も適切なものはどれか。

① 「容器包装リサイクル法」では、プラスチック製容器包装を固形燃料等の原材料として利用することをリサイクル手法として認めていない。

② 「家電リサイクル法」では、家電 4 品目について、製造業者・輸入業者によるリサイクル及びリサイクル費用の負担を義務付けている。

③ 「建設リサイクル法」で対象となる特定建設資材とは、コンクリート、コンクリート及び鉄からなる建設資材、アスファルト・コンクリートであり、木材は含まない。

④ 「食品リサイクル法」では、平成 19 年 6 月の改正により食品循環資源の再生利用等の手法として熱回収を認めることになった。

⑤ 「自動車リサイクル法」で対象となる自動車には、大型自動二輪車が含まれる。

（平成 28 年度出題）

【解説】

平成24年度の出題「Ⅳ-19」がほぼ同一問題です。

①（×）不適切。容器包装リサイクル法は、「容器（商品を入れるもの）」、「包装（商品を包むもの）」（商品の容器及び包装自体が有償である場合を含む）のうち、中身の商品が消費され、中身の商品と分離された際に不要になるものを「容器包装」と定義し、リサイクルの対象とされています。プラスチック製容器包装は燃料としてリサイクル利用することが認められています。

種類・識別表示	リサイクル製品例
PETボトル（しょうゆ、飲料、酒類などの一部の調味料） 	プラスチック原料、ポリエステル原料（繊維、シート、ボトル等）
プラスチック製容器包装（PETボトル以外除く） 	化学原料・燃料等（プラスチック製品、熱分解油、高炉還元剤、コークス炉化学原料、合成ガス）

②（×）不適切。リサイクル費用は消費者(排出者）が負担します。特定家庭用機器再商品化法では家庭用エアコン、テレビ（ブラウン管式・液晶式（電源として一次電池又は蓄電池を使用しないものに限り、建築物に組み込むため設計したものを除く）・プラズマ式）、電気冷蔵庫・電気冷凍庫、電気洗濯機・衣類乾燥機の家電4品目は、小売業者による引取り及び製造業者（製造業者、輸入業者）などによる再商品化（リサイクル）などが義務付けられています。しかし、小売業者には再商品化などの義務付けはありません。

③（×）不適切。建設工事に係る資材の再資源化等に関する法律（略称：建設リサイクル法）では、特定建設資材（コンクリート（プレキャスト板等を含む）、アスファルト・コンクリート、木材）による建築物等に係る解体工事又

はその施工に特定建設資材を使用する新築工事などを対象とし、一定規模以上の建設工事（対象建設工事）では、その受注者等に対し、分別解体等及び再資源化などを義務付けています。木材は、特定建設資材に該当します。

④（○）適切。食品循環資源の再生利用等の促進に関する法律（略称：食品リサイクル法）では、再生利用などの実施量の目標を定め、リサイクルは発生抑制、再生利用、熱回収、減量（乾燥・脱水・発酵・炭化）とされています。食品循環資源の熱回収は、法第 2 条に規定されています。

⑤（×）不適切。平成 14 年には、使用済自動車の再資源化等に関する法律（自動車リサイクル法）が制定され、平成 17 年 1 月から完全施行されています。そのうち、対象外の自動車は被けん引車、二輪車（原動機付自動車、側車付を含む）、大型特殊自動車、小型特殊自動車などとされ、大型自動二輪車は含まれません。

【解答】④

【キーワード】容器包装リサイクル法、家電リサイクル法、建設リサイクル法、食品リサイクル法、自動車リサイクル法

Ⅲ－9

第四次循環型社会形成推進基本計画（以下「循環基本計画」という。）の進捗状況の点検作業及び循環基本計画で定められている 4 つの物質フロー指標（資源生産性、入口側の循環利用率、出口側の循環利用率及び最終処分量）に係る第 1 回点検結果に関する次の記述のうち、最も不適切なものはどれか。

①　循環基本計画では、同計画の着実な実行を確保するため、5 年に 1 回程度、同計画に基づく施策の進捗状況の評価・点検を適切に行うこととされている。

②　資源生産性については、2017 年度は前年度に比して減少しており、

目標値の達成に向けて厳しい状況にある。

③ 入口側の循環利用率については、2014 年度以降に減少しており、目標値の達成が難しい状況にある。

④ 出口側の循環利用率については、2014 年度以降に減少しており、目標値の達成が難しい状況にある。

⑤ 最終処分量については、長期的には減少傾向にあり、目標値の達成に向けて順調に推移している。

（令和 3 年度出題）

【解説】

①（×）不適切。"5 年" ごとの記述が誤り。第四次循環型社会形成推進基本計画では、6.2 中央環境審議会での進捗状況の評価・点検で "中央環境審議会は、2 年に 1 回程度、本計画の着実な実行を確保するため、本計画に基づく施策の進捗状況の評価・点検を適切に行う。" としています。

なお、循環型社会形成推進基本計画の見直しは、法 15 条 7 で 5 年ごとの見直しをすることになっています。

②〜⑤（○）適切。

【解答】①

【キーワード】物質フロー、資源生産性、循環利用率、第四次循環型社会形成推進基本計画

Ⅲ−6

プラスチックごみに関する次の記述のうち、最も不適切なものはどれか。

① 2019 年 6 月に、大阪市において開催された G20 大阪サミットの成果物として、「G20 大阪首脳宣言」が採択され、海洋プラスチックごみに関しては、2050 年までに追加的な汚染をゼロにすることを目指

す「大阪ブルー・オーシャン・ビジョン」がG20首脳間で共有された。

② 不適正な管理等により海洋に流出した海洋プラスチックごみが世界的な課題となっており、海洋プラスチックごみは生態系を含めた海洋環境の悪化や海岸機能の低下、景観への悪影響、船舶航行の障害、漁業や観光への影響など、様々な問題を引き起こしている。

③ 欧州委員会が2018年1月に発表したプラスチック戦略には、2050年までに全てのプラスチック容器包装をコスト効果的にリユース・リサイクル可能とすることや、企業による再生材利用のプレッジ・キャンペーン、シングルユースプラスチックの削減の方向性等が盛り込まれている。

④ 2018年10月より「プラスチック・スマート」キャンペーンを立ち上げ展開することで、企業、団体、個人の方々による不必要なワンウェイプラスチックの排出抑制や分別回収の徹底など海洋プラスチックごみの発生抑制に向けた取組を募集するなどして、"プラスチックとの賢い付き合い方"が全国的に推進されている。

⑤ プラスチック資源循環戦略では重点戦略の1つであるリデュース等の徹底の取組の一環として位置付けたレジ袋有料化を実施すべく、在り方について検討を行ったうえで、2019年12月27日に容器包装リサイクル法に基づく省令を改正した（2020年7月1日施行）。

（令和3年度出題）

【解説】

　海洋プラスチックの問題は、海洋の生態系に関する大きな課題です。このまま流入し続けると2050年には海の魚の数を海洋プラスチックが上回るとされており、今後の試験での出題が予測されるので注意が必要です。

　①、②、④、⑤（○）適切。

　③（×）不適切。"2050年まで〜"の記述が誤りです。欧州委員会のプラスチック戦略は次の内容です。

・2030 年までに EU 市場の全てのプラスチック容器包装をリサイクル可能
 なものにすること

・ワンウェイ (使いすて) プラスチック製品の削減

・海洋汚染の原因となるマイクロプラスチックの規制の検討

・新たな投資雇用の創出

　プラスチック問題では令和 3 年、プラスチックごみの削減・リサイクルを目
的とした、「プラスチック資源循環促進法」が成立し、令和 4 年 4 月施行され
ます。この法令では、プラスチックに対して包括的な資源循環の強化が求めら
れます。

【解答】③

【キーワード】海洋プラスチックごみ、マイクロプラスチック、プラスチック
資源循環戦略

2. 主要キーワードと解説

（1）廃棄物、廃棄物処理

1）排出者責任

　循環型社会形成推進基本法の基本理念の1つで、廃棄物を排出する者が、その適性処理に関する責任を負うべきであるとする考え方です。この考え方は、汚染者負担の原則に基づいています。

2）廃棄物処理法（廃棄物の処理及び清掃に関する法律）

　廃棄物の排出を抑制して、その適正な分別、保管、収集、運搬、再生、処分等の処理等について規定しています。

　具体的には、廃棄物処理施設の設置規制、廃棄物処理業者に対する規制、廃棄物処理に係る基準などが規定されています。

　平成22年（2010年）の改正では、廃棄物を排出する事業者などによる適正な処理を確保するための対策の強化、廃棄物処理施設の維持管理対策の強化、産業廃棄物処理業の優良化の推進、排出抑制の徹底、適正な循環的利用の確保、焼却時の熱利用の促進などが盛り込まれました。

3）廃棄物

　廃棄物処理法において、廃棄物とは、ごみ、粗大ごみ、燃え殻、汚泥、ふん尿、廃油、廃酸、廃アルカリ、動物の死体その他の汚物または不要物であって、固形状または液状のもの（放射性物質及びこれによって汚染された物を除く）と定義しています。

4）一般廃棄物

産業廃棄物以外の廃棄物をいい、「ごみ」と「し尿」に分類されます。さらに、ごみは家庭系ごみと事業系ごみに分けられます。処理責任は市町村にあります。

平成28年度（2016年度）のごみの総排出量は約4,317万トン（前年比1.8％減）となっています。1人1日当たりのごみ排出量は925g（前年比1.5％減）です。

5）産業廃棄物

事業活動に伴って生じた廃棄物のうち、廃棄物処理法で定められた燃え殻、汚泥、廃油、廃酸、廃アルカリ、廃プラスチック類など20種類の廃棄物と輸入された廃棄物をいいます。処理責任は事業者にあります。

平成27年度（2015年度）の全国の産業廃棄物の総排出量は3億9,119万トンで、そのうち2億756万トン（全体の約53.1％）が再生利用量となっています。

産業廃棄物を業種別に見ると、電気・ガス・熱供給・水道業、建設業、農業・林業の順で多く、この上位3業種で総排出量の約7割弱を占めています。また、種類別に見ると、汚泥の排出量が最も多く、全体の4割強程度、次いで動物のふん尿、がれき類となっており、この上位3種類で総排出量の約8割を占めています。

6）特別管理廃棄物

特別管理一般廃棄物と特別管理産業廃棄物に区分され、廃棄物処理法において、「爆発性、毒性、感染性その他の人の健康又は生活環境に係る被害を生ずるおそれがある性状を有する廃棄物」として規定して、必要な処理基準を設け、通常の廃棄物よりも厳しい規制を行っています。

石綿（アスベスト）、PCB（ポリ塩化ビフェニル）、ダイオキシン、重金属、廃油、病院などから排出される感染性病原体が付着しているおそれのあるものなどが指定の対象となっています。

7）下水汚泥

　下水道事業において発生する汚泥で、産業廃棄物に区分されます。平成 25 年度（2013 年度）現在、全産業廃棄物の発生量の 2 割程度を占めています。

　下水汚泥は、セメント原料などの建設資材としての再生利用が大半ですが、有機物に富んでいることから、緑農地利用やエネルギー利用にも用途が広がっています。

8）最終処分場

　最終処分場は、安定型、遮断型、管理型に分類されます。

　安定型はガラスくずなどの安定型産業廃棄物、遮断型は有害な産業廃棄物、管理型は前述の産業廃棄物以外の産業廃棄物と一般廃棄物の埋め立てに利用され、種類によって異なった構造基準や管理維持基準が規定されています。

　平成 27 年度（2015 年度）末現在での最終処分場の残余年数と残余容量はそれぞれ、一般廃棄物の最終処分場で 20.4 年分（全国平均）、約 1 億 404 万 m^3、産業廃棄物の最終処分場で 16.6 年分（同）、約 1 億 6,736 万 m^3 となっています。

9）マニフェスト制度

　排出事業者がマニフェスト（産業廃棄物管理票）を交付し、処理業者からその旨を記載したマニフェストの写しの送付を受け、委託契約書どおりに適正処理されたことを確認する制度です。

　排出事業者（元請事業者）は、A、B1、B2、C1、C2、D、E の 7 枚綴りのマニフェストのうち、返送される D 票（E 票）で産業廃棄物が適正に処理されたことを確認する必要があります。

10）建設副産物

　建設副産物は、建設工事に伴い副次的に得られたすべての物品で、建設発生土と建設廃棄物に区分されます。

11）建設発生土

建設工事から搬出される土砂で、廃棄物処理法に規定する廃棄物には該当しません。しかし、建設工事において発生する建設汚泥は、廃棄物処理法上の産業廃棄物に該当します。

12）建設廃棄物

建設副産物のうち、アスファルト・コンクリート塊、コンクリート塊、建設発生木材、建設混合廃棄物、建設汚泥など廃棄物処理法に規定する廃棄物に該当するものをいい、一般廃棄物と産業廃棄物の両者を含みます。建設廃棄物は、全産業廃棄物の約2割、不法投棄量の約8割を占めています。

（2）リサイクル、リサイクル法、循環型社会の形成

1）拡大生産者責任（EPR；Extended Producer Responsibility）

循環型社会形成推進基本法の基本理念の1つで、生産者が、その生産した製品が使用され、廃棄された後においても、当該製品の適正なリサイクルや処分について一定の責任を負うという考え方です。

2）循環型社会形成推進基本法

循環型社会の形成について基本原則、関係主体の責務を定めるとともに、循環型社会形成推進基本計画の策定、その他循環型社会の形成に関する施策の基本となる事項などを規定した法律で、平成13年（2001年）年1月に施行されました。循環基本法とも呼ばれます。

法の対象となる物を有価・無価を問わず「廃棄物等」とし、廃棄物等のうち有用なものを「循環資源」と位置付け、その循環的な利用を促進するとしています。処理については、発生抑制、再使用、再生利用、熱回収、適正処分の優先順位を法定化しました。また、事業者・国民の「排出者責任」を明確化し、生産者の「拡大生産者責任」の一般原則を確立しました。

3）循環利用率

　循環型社会形成推進基本計画で設定された物質フローの1つで、社会に投入される資源のうち、どれだけ循環利用（再使用・再生利用）された資源が投入されているかを表す指標です。「循環利用量／（循環利用量＋天然資源等投入量）」で計算されます。

　第3次循環型社会形成推進基本計画では、平成32年度（2020年度）において17％を目標としています。

4）資源有効利用促進法

　正式名称を「資源の有効な利用の促進に関する法律」といい、循環型社会を形成していくために必要な3Rの取組みを総合的に推進するための法律で、平成13年（2001年）4月に施行されました。

　パソコン、小形二次電池をはじめとした10業種・69品目について、省令により事業者に対して3Rの取組みを求めています。

　品目のうち、パソコンに関しては、当初事業系のみが対象となっていましたが、平成15年（2003年）から家庭系パソコンの再資源化も製造等事業者に義務付けられました。

5）3R

　Reduce（リデュース：発生抑制）、Reuse（リユース：再使用）、Recycle（リサイクル：再生利用）のことをいいます。

6）建設リサイクル法

　正式名称を「建設工事に係る資材の再資源化等に関する法律」といい、一定規模以上の建設工事について、その受注者に対し、特定建設資材を分別解体などにより現場で分別し、再資源化などを行うことを義務付けるとともに、発注者による工事の事前届出制度、解体工事業者の登録制度の実施を定めた法律で、平成14年（2002年）5月に完全施行されました。

対象となる「特定建設資材」は、コンクリート、コンクリートと鉄からなる建設資材、木材、アスファルト・コンクリートの4種類です。

7）食品リサイクル法

正式名称を「食品循環資源の再生利用等の促進に関する法律」といい、食品廃棄物について、発生抑制と減量化により最終的に処分される量を減少させるとともに、飼料や肥料などの原材料として再生利用するため、食品関連事業者（製造、流通、外食など）による食品循環資源の再生利用を総合的、計画的に推進する目的で、平成13年（2001年）5月に施行されました。

8）東日本大震災により生じた災害廃棄物の処理に関する特別措置法

東日本大震災により生じた災害廃棄物の処理において、国が被害を受けた市町村に代わって災害廃棄物を処理するための特例と、費用の負担など国が講ずべきその他の措置について定めた法律で、平成23年（2011年）8月に施行されました。災害廃棄物を東日本大震災により生じた廃棄物と定義しています。

9）PCB処理特別措置法

正式名称を「ポリ塩化ビフェニル廃棄物の適正な処理の推進に関する特別措置法」といい、ポリ塩化ビフェニル（PCB）廃棄物を持つ事業者に適正処分などを義務付けた法律です。

処理体制の整備を図った上で、平成28年（2016年）までにPCB廃棄物の処理を終えることとしていましたが、処理完了が困難になったため、計画を改定して期限を延長しました。

PCBは、電気機器の絶縁油をはじめとしたさまざまな用途に使われてきましたが、環境中での難分解性及び強い毒性がある物質であることが明らかになり、昭和49年（1974年）に製造・輸入が禁止されました。しかし、その廃棄物については施設の整備が進まなかったため、過去30年間にわたり処理が行われていませんでした。

10）容器包装リサイクル法

　正式名称を「容器包装に係る分別収集及び再商品化の促進等に関する法律」といい、容器包装廃棄物の排出抑制、分別収集、リサイクルなどに関する法律で、平成 7 年（1995 年）から平成 9 年（1997 年）に 3 回に分けて施行されました。

　再商品化義務対象となる容器包装は、ガラス製容器、ペットボトル、スチール缶、アルミ缶、紙パックに加え、平成 12 年度（2000 年度）から紙製容器包装、プラスチック製容器包装、段ボールが対象品目となりました。

11）家電リサイクル法

　正式名称を「特定家庭用機器再商品化法」といい、家庭用エアコン、テレビ（ブラウン管、液晶・プラズマ）、洗濯機・衣類乾燥機、冷蔵庫・冷凍庫の 4 品目について、小売業者に消費者からの引き取り及び引き取った廃家電の製造者などへの引き渡しを義務付けるとともに、製造業者等に対して引き取った廃家電の一定水準以上のリサイクルの実施を義務付けた法律で、平成 13 年（2001年）4 月に施行されました。

　処理費用は廃棄時に利用者が負担し、小売業者が引き取った廃家電を最終的にメーカーが回収して再利用を図るものです。

12）ゼロ・エミッション

　平成 6 年（1994 年）に国連大学が提唱した考え方で、人間の活動から発生する廃棄物を限りなくゼロにすることを目指しながら、最大限の資源活用を図り、持続可能な経済活動や生産活動を展開する理念と手法のことです。

13）海洋プラスチック問題

　海に流れ込む大量のプラスチックごみが世界中で問題になっています。ウミガメ、水鳥、哺乳動物などが深刻な被害を受けており、傷ついたり死んだりした生物のおよそ 90 ％がプラスチックの影響とされています。

　また、プラスチックごみは劣化や破砕され小さなプラスチック粒子となり、マイクロプラスチックとして自然分解されず数百年以上残り続けます。このまま流入を続けると 2050 年には海洋プラスチックごみが海の魚の量を上回るとさえいわれており、地球温暖化と合わせ人類共通の課題となっています。

14) プラスチックに係る資源循環の促進等に関する法律（プラスチック資源循環促進法）

　令和 3 年 6 月 11 日公布、令和 4 年 4 月 1 日施行予定です。環境省ウェブサイト「プラスチック資源循環法関連」(https://www.env.go.jp/press/109265.html) によると、近年の海洋プラスチックごみ問題、気候変動問題、廃棄物輸入規制強化等から、対応が必要になったことが指摘されています。同法は、プラスチックの資源循環の促進の必要性から包括的に資源循環体制を強化するため制定されました。

　個別の措置としては、以下のものなどが規定されています。

①設計・製造段階では、製造事業者等に環境配慮設計に関する指針、指針への適合認定の仕組み

②販売・提供段階では、ワンウェイ※プラスチックの提供事業者が取り組む判断基準の策定（※使いすて。一度使用したらその役目を終えること）

③排出・回収・リサイクル段階では、市区町村の分別・再商品化、製造・販売事業者等による自主回収、排出事業者の排出抑制・再資源化

第6章

環境の状況の
測定分析及び監視

1. 問題と解説

（1）騒音、振動

「騒音規制法」に関する次の記述のうち、誤っているものを選べ。

① 「騒音規制法施行令」では、指定地域内において切断機（といしを用いるものに限る。）を設置する工場又は事業場から発生する騒音について規制している。

② 「特定工場等において発生する騒音の規制に関する基準」では、騒音の測定は、計量法第71条の条件に合格した騒音計を用いて行う。

③ 指定地域内においてバックホウを使用する作業について、環境大臣が指定するものを除き、原動機の定格出力が一定規模以上のものを規制している。

④ 市町村長が、指定地域内における自動車騒音の限度を超え、道路周辺の生活環境が著しく損なわれていると認めるときは、道路交通法の規定による措置の執行を要請する。

⑤ 指定地域内における特定建設作業の騒音の大きさについては、特定建設作業の場所の敷地の境界線から30mの地点において、85dBを超えないことが規定されている。

（平成21年度出題）

【解説】

　振動に伴って騒音が発生することが多く、騒音規制法と振動規制法は規制の内容や特定施設など、よく似ていますので、併せて理解するとよいでしょう。

　騒音規制法では、指定地域内における

• 特定施設を設置する工場（特定事業場）などの事業場

• 特定建設作業（作業に伴う騒音）

が適用を受けます。

〔指定地域〕

　特定建設作業、特定工場から発生する騒音を規制する地域「指定地域」について、関係市町村町の意見を聞いて、知事が定めます。地域を指定するとき、変更・廃止するときは公示しなければなりません（法第3条）。

　指定地域は、第1種～第4種に区分され住居や商業、工業等用途に応じて規制値（音圧レベル：dB）が定められています。

　騒音の測定義務は、市町村長（市町村）にあります。

> 第二十一条の二　市町村長は、指定地域について、騒音の大きさを測定するものとする。

〔特定施設〕

・特定施設を指定地域内に設置している場合、規制基準（敷地境界での騒音の規制）の適用を受けます。

・設置工事の30日前までに市町村長に届出（設置、変更）が必要です。

・特定施設：機械プレス、鍛造機、切断機、空気圧縮機及び送風機、織機などが該当します（出力や機構など一定の要件があります）。※騒音規制法施行令

〔特定建設作業〕

・指定地域内で特定建設作業を行う場合、規制基準（敷地境界での騒音の規制）の適用を受けます。

・特定建設作業を行う場合は、工事の7日前までに市町村長に届出が必要です。

・特定建設作業：くい打ち工事（もんけんやアースオーガーによる工事など一

定の要件があります）、びょう打ち機による作業、バックホー・トラクタショ
ベル、ブルドーザーを使用する作業（一定の要件があります）など。※騒音
規制法施行令

①（○）適切。例えば、機械プレスでは加圧能力294kN、空気圧縮機（コ
ンプレッサーなど）及び送風機では出力7.5kW以上など出力によって、規制
を受けるかどうかが異なります。

②（○）適切。特定工場等において発生する騒音の規制に関する基準は、以
下のように規定されています。

> 3 騒音の測定は、計量法第七十一条の条件に合格した騒音計を用いて行うものとする。
> この場合において、周波数補正回路はA特性を、動特性は速い動特性（FAST）を用い
> ることとする。

③（○）適切。環境省ウェブサイト「騒音規制法施行令別表第二第六号、第
七号及び第八号の規定に基づく一定の限度を超える大きさの騒音を発生しない
ものとして環境大臣が指定するバックホウ等」（https://www.env.go.jp/
hourei/07/000029.html）において、"現場における通常の作業において、当該
機械から十メートル離れた地点における騒音が八十デシベルを超えないものと
みなされるもの"として定められています。

④（○）適切。法第17条に規定されています。

⑤（×）不適切。環境省ウェブサイト「特定建設作業に伴って発生する騒音
の規制に関する基準」（http://www.env.go.jp/hourei/07/000050.html）において、
"特定建設作業の騒音が、特定建設作業の場所の敷地の境界線において、
八十五デシベルを超える大きさのものでないこと"と規定されています。

【解答】⑤

【キーワード】騒音規制法、指定地域、特定施設、特定建設作業

Ⅲ-23

騒音に係る環境基準達成状況の評価方法及び騒音の測定方法に関する次

の記述のうち、最も適切なものはどれか。

① 騒音の評価手法は、等価騒音レベルによるものとし、時間の区分ごとの全時間を通じた等価騒音レベルによって評価することを原則とする。

② 騒音の測定は、計量法の条件に合格した騒音計を用いて行い、周波数補正回路はＡ特性又はＣ特性とする。

③ 騒音測定において必要な実測時間が確保できない場合等に、測定に代えて道路交通量等の条件から騒音レベルを推計する方法は認められていない。

④ 騒音測定時の天候条件として、降雨時は測定に適さないが、降雪時は測定しても差し支えない。

⑤ 騒音計のマイクロホンには必ずウインドスクリーンを装着する。ウインドスクリーンを装着していれば、風雑音や電線その他の風切り音が測定値へ影響することはない。

(令和２年度出題)

【解説】

　環境省ウェブサイト「騒音に係る環境基準について」（https://www.env.go.jp/kijun/oto1-1.html）で、環境基準及び評価方法の告示が掲載されています。

　また、同ウェブサイト「騒音に係る環境基準の評価マニュアル」（https://www.env.go.jp/air/noise/manual/index.html）ではさらに具体的な評価方法が示されています。

　①（○）適切。

　②（×）不適切。"又はＣ特性"の記述が誤り。上記の「騒音に係る環境基準について」２（４）"騒音の測定は、計量法（平成４年法律第51号）第71条の条件に合格した騒音計を用いて行うものとする。この場合において、周波数

補正回路はA特性を用いることとする。"とされています。

③（×）不適切。"推計する方法は認められていない"の記述が誤り。上記2（5）"～必要な実測時間が確保できない場合等においては、測定に代えて道路交通量等の条件から騒音レベルを推計する方法によることができる。"とされています。

④（×）不適切。「騒音に係る環境基準の評価マニュアル　一般地域編（環境省）」では、3.7騒音測定時の環境条件で"騒音測定時の天候条件として、降雨、降雪・積雪時などは測定を行わない。"とされています。これは、ぬれた路面による騒音レベルの上昇や積雪による吸音の影響があるからです。

⑤（×）不適切。上記3.7騒音測定時の環境条件で"ウインドスクリーンがあっても、風雑音や電線その他の風切り音により測定値に影響がある場合は測定を中止する。"とされています。風速5m/s程度までは影響を少なくできますが、これを超える場合は影響があるためです。

また、JISZ8739では、マイクロホンにウインドスクリーンを装着することが規定されています。低いレベルの騒音の測定の場合の風雑音の影響、降雨による発生騒音の影響があることが記載されています。このため、全天候型のウインドスクリーン使用が望ましいとされています。"影響することはない"と断定しているのは適切とはいえません。なお、JISZ8739は2021が最新版です。

【解答】①

【キーワード】騒音に係る環境基準、JISZ8739：2021、等価騒音レベル

Ⅲ-3

日本工業規格 Z8731：1999（環境騒音の表示・測定方法）に関する次の記述のうち、最も適切なものはどれか。

① 騒音レベルは、A特性音圧の二乗の常用対数の10倍である。

② 等価騒音レベルは、ある時間範囲について変動する騒音の騒音レベ

ルをエネルギー的な積分値として表した量である。

③　屋外における測定では、特に指定がない限り、測定点の高さは地上
2m 以上とする。

④　屋外において反射の影響を無視できる程度に小さくすることが必要
な場合には、可能な限り、地面以外の反射物から 3.5m 以上離れた位
置で測定する。

⑤　騒音の伝搬は気象条件により変化し、その程度は伝搬距離が短いほ
ど著しい。

（平成 28 年度出題）

【解説】

平成 24 年度の出題「Ⅳ-7」が同一問題です。

設問は、日本産業規格 Z8731：2019 で規定されている事項です。

①（×）不適切。騒音レベル L_{pA}（A-weighted sound pressure level）は、
次のように定義されています。

A 特性音圧の 2 乗を基準音圧の 2 乗で除した値の常用対数の 10 倍で、
次の式で与えられる。単位はデシベル（dB）。

$$L_{pA} = 10 \log_{10} \frac{p_{AC}^2}{p_0^2}$$

ここに、p_{AC}：A 特性音圧の実効値（Pa）、p_0：基準の音圧（20 μPa）

②（×）不適切。等価騒音レベル $L_{Aeq,T}$（equivalent continuous A- weight-
ed sound pressure level）は、次のように定義されています「3.10　等価騒音
レベル」より。

ある時間範囲 T について、変動する騒音の騒音レベルをエネルギー的
な平均値として表した量で次の式で与えられる。単位はデシベル（dB）。

$$L_{\mathrm{Aeq},T} = 10 \log_{10} \frac{\dfrac{1}{T} \displaystyle\int_{t_1}^{t_2} p_A^2(t)\,dt}{p_0^2}$$

ここに、$p_A(t)$：A 特性音圧の瞬時値（Pa）、p_0：基準の音圧（20μPa）

③（×）不適切。測定点の高さについては、"測定点の高さは、特に指定がない限り、地上 1.2～1.5m とする"とされています「4.3　測定点 a)」より。

④（○）適切。記述のとおりです「4.3　測定点 a)」より。

⑤（×）不適切。気象の影響として、"騒音の伝搬は気象条件によって変化し、その程度は伝搬距離が長いほど著しくなる"とされています「4.4　気象条件」より。なお、日本工業規格は日本産業規格に名称変更されています（以下同様）。

【解答】④

【キーワード】騒音レベル、等価騒音レベル、日本産業規格 C1509-1：2005 電気音響-サウンドレベルメーター（騒音計）第 1 部：仕様、日本産業規格 Z8731：2019 環境騒音の表示・測定方法

Ⅲ－8

日本工業規格 C1509-1：2005（電気音響―サウンドレベルメータ（騒音計）―第 1 部：仕様）に関する次の記述のうち、最も不適切なものはどれか。

①　空気伝搬音の場合の基準音圧は 20μPa である。

②　この規格に適合する騒音計は、自由音場での 1 つの基準方向からの音の入射又はランダムな方向からの音の入射に対して、規定する周波数特性を備えていなければならない。

③　一般に、"騒音レベル"とは、F 特性時間重み付きサウンドレベルのことをいう。

④　時間重み付け特性 F（速い）の時定数の設計目標値は 0.125 秒、時

間重み付け特性S（遅い）の時定数の設計目標値は1秒である。

⑤　この規格に規定する騒音計は、一般に、人間の可聴範囲内の音の測定に用いることを想定している。

（平成29年度出題）

【解説】

平成26年度の出題「Ⅲ-5」が同一問題です。

日本産業規格C1509-1：2005（電気音響—サウンドレベルメータ（騒音計）—第1部：仕様）には、次の3種類の音響測定器の電気音響性能が規定されています。

• 時間重み付きサウンドレベルを測定する時間重み付けサウンドレベルメータ

• 時間平均サウンドレベルを測定する積分平均サウンドレベルメータ

• 音響暴露レベルを測定する積分サウンドレベルメータ

規定の内容は、基準環境条件、性能の仕様、環境条件、静電場および無線周波の影響などです。

①、②、④、⑤（○）適切。記述のとおりです。

③（×）不適切。同規格の"1. 適用範囲"において、「A特性時間重み付きサウンドレベルは、騒音レベルともいう」と規定しており、F特性ではありません。

【解答】③

【キーワード】日本産業規格C1509-1：2005（電気音響—サウンドレベルメータ（騒音計）—第1部：仕様）

Ⅲ-22

低周波音に関する次の記述のうち、最も不適切なものはどれか。

① 「低周波音問題対応の手引書」（平成16年 環境省）では、新幹線鉄道等の移動発生源から発生する低周波音を適用範囲としている。

② 「低周波音問題対応の手引書」（平成16年 環境省）では、測定周波数範囲は原則として、1/3オクターブバンド中心周波数1Hz～80Hzとしている。

③ 屋外における低周波音の測定では、風の影響を強く受ける。特に、対象とする低周波音の音圧レベルが小さい場合には測定ができないこともある。

④ 低周波音の波長と部屋の寸法との関係によっては定在波が発生しやすく、同じ部屋の中でも揚所によって低周波音の感じ方が異なることがある。

⑤ 低周波音に対する苦情としては、建具等のがたつきによる物的苦情と、室内における不快感による心身に係る苦情に分類される。

（令和元年度(再)出題）

【解説】

平成25年度の出題「Ⅲ－6」が類似問題です。

音には高い音や低い音があります。なかでも低周波音は"低い音"と考えればよいでしょう。低周波音はトラックの音、工場設備、ヘリコプターの音、空調室外機から発生する音など、いろいろなものがあります。詳細は、環境省ウェブサイト『よくわかる低周波音』というパンフレット（https://www.env.go.jp/air/teishuha/yokuwakaru/index.html）で解説されています。

低周波音の影響には、窓や戸の揺れやガタツキなどの影響など不快感や圧迫感があります。また、感じ方に個人差があるのも特徴です。近年、オール電化システムの室外機や自動車のアイドリングなど、家屋が近接する場合にその影響で苦情となるなど問題が発生しています。

『低周波騒音問題対応の手引書（平成16年6月）』については、環境省ウェブサイト（https://www.env.go.jp/air/teishuha/tebiki/）で公開されています。

①（×）不適切。手引書は、固定発生源から発生する低周波音について、苦情が発生した場合を適用範囲としています。交通機関等の移動音源、爆発等による苦情には適用外です。

②〜⑤（○）適切。記述のとおりです。

【解答】①

【キーワード】低周波音、低周波騒音問題の手引書

IV－2

振動に係る法令等に関する次の記述のうち、正しいものを選べ。

① 「振動規制法」は、特定工場等に関する規制、特定建設作業に関する規制、道路交通振動に係る要請、そして鉄道振動に係る要請を規定している。

② 「特定工場等において発生する振動の規制に関する基準」では、測定器の指示値が間欠的に変動する場合は、指示値の最大値を振動レベルとする。

③ 「振動規制法施行規則」では、指定地域内における特定建設作業の振動の大きさは、その作業場所の敷地境界線において、100dB を超えないことを規定している。

④ 「振動規制法施行規則」では、道路交通振動の振動レベルは、5 秒間隔、100 個又はこれに準ずる間隔、個数の測定値の 50 パーセントレンジの数値から算定する。

⑤ 「環境保全上緊急を要する新幹線鉄道振動対策について（勧告）」では、上下の列車を合わせて、原則として連続して通過する 20 本の列車を対象に測定を行う。

（平成 21 年度出題）

【解説】

　振動規制法では、指定地域内における

• 特定施設を設置する工場（特定事業場）などの事業場

• 特定建設作業（作業に伴う騒音）

が適用を受けます。

〔指定地域〕

　特定建設作業、特定工場から発生する振動を規制する地域「指定地域」について、関係市町村町の意見を聞いて、知事が定めます。地域を指定するとき、変更・廃止するときは公示しなければなりません（法第3条）。

　指定地域は、第1種〜第2種に区分され住居や商業、工業等用途に応じて規制値（振動レベル：dB）が定められています。

　振動の測定義務は、市町村長（市町村）にあります。

> 第十九条　市町村長は、指定地域について、振動の大きさを測定するものとする。

〔特定施設〕

・特定施設を指定地域内に設置している場合、規制基準（敷地境界での振動の規制）の適用を受けます。

・設置工事の 30 日前までに市町村長に届出（設置、変更）が必要です。

・特定施設：機械プレス、鍛造機、切断機、圧縮機、織機などが該当します（出力や機構など一定の要件があります）。※振動規制法施行令

〔特定建設作業〕

・指定地域内で特定建設作業を行う場合、規制基準（敷地境界での騒音の規制）の適用を受けます。

・特定建設作業を行う場合は、工事の 7 日前までに市町村長に届出が必要です。

・特定建設作業：くい打ち工事（もんけんによる工事など一定の要件があります）、ブレーカー（手持ち式の物を除く）作業など。※振動規制法施行令

① （×）不適切。鉄道振動に関する要請は規定されていません（法第1条）。

第一条　この法律は、工場及び事業場における事業活動並びに建設工事に伴つて発生する相当範囲にわたる振動について必要な規制を行うとともに、道路交通振動に係る要請の措置を定めること等により、生活環境を保全し、国民の健康の保護に資することを目的とする。

②（×）不適切。"間欠的に変動する場合は、その変動ごとの指示値の最大値の平均値" とされています。環境省ウェブサイト「特定工場等において発生する振動の規制に関する基準」（https://www.env.go.jp/hourei/08/000009.html）で、次のように規定されています。

6　振動レベルの決定は、次のとおりとする。
一　測定器の指示値が変動せず、又は変動が少ない場合は、その指示値とする。
二　測定器の指示値が周期的又は間欠的に変動する場合は、その変動ごとの指示値の最大値の平均値とする。
三　測定器の指示値が不規則かつ大幅に変動する場合は、五秒間隔、百個又はこれに準ずる間隔、個数の測定値の八十パーセントレンジの上端の数値とする。

③（×）不適切。75dB が規制値です。

規則11条　別表第1
一　特定建設作業の振動が、特定建設作業の場所の敷地の境界線において、七十五デシベルを超える大きさのものでないこと。

④（×）不適切。"50％レンジの数値から算定" が誤りです。

規則12条　別表第2　備考8
8　振動レベルは、五秒間隔、百個又はこれに準ずる間隔、個数の測定値の八十パーセントレンジの上端の数値を、昼間及び夜間の区分ごとにすべてについて平均した数値とする。

⑤（○）適切。記述のとおりです。

【解答】⑤

【キーワード】振動規制法、指定地域、特定施設、特定建設作業

Ⅲ－21

日本産業規格 JIS Z 8735：1981（振動レベル測定方法）に関する次の記述のうち、最も不適切なものはどれか。

① 振動ピックアップは、水平な面に設置することが望ましい。

② 振動ピックアップの形式によっては、風・電界・磁界などの影響を受ける場合がある。そのようなときには適当なしゃへい、測定点の変更などを配慮する。

③ 振動ピックアップは、砂地、田畑などの軟らかい場所に設置するようにする。

④ 衝撃的な振動については、振動レベル計が過負荷状態にならないように測定レンジを選定する。

⑤ 測定時における振動ピックアップの受感軸方向を、原則として鉛直及び互いに直角な水平2方向の3方向に合わせ、鉛直方向をZ、水平方向をX、Yとし、X、Yの方向を明示する。

（令和元年度(再)出題改）

【解説】

平成24年度の出題「Ⅳ−8」が類似問題です。

振動測定における振動ピックアップの設置に関する設問で、記述はJISZ8735：1981の内容です。

① （○） 適切。記述のとおりです（4.1 振動ピックアップの設置方法より）。③の解説を参照。

② （○） 適切。記述のとおりです（2.1 外囲条件より）。

③ （×） 不適切。固い平坦な場所に設置することが原則です。振動ピックアップの設置方法として、"振動ピックアップは、原則として平たんな堅い地面など（例えば、踏み固められた土、コンクリート、アスファルトなど）に設置する。やむを得ず砂地、田畑などの軟らかい場所を選定する場合は、その旨を付記する。また、振動ピックアップは、水平な面に設置することが望ましい"とされています（4.1 振動ピックアップの設置方法より）。

④ （○） 適切（4.4 測定レンジの選び方より）。

⑤ （○） 適切（4.2 測定方向より）。

【解答】③

【キーワード】日本産業規格 Z8735：1981（振動レベル測定方法）、日本産業規格 C1510：1995（振動レベル計）

（2）質量分析法

Ⅳ－9

　化学物質の環境計測に用いる質量分析に関する次の記述のうち、最も不適切なものはどれか。

① 　環境大気中のダイオキシン類の測定には、多数の異性体を高感度、高選択的に測定するため、高分解能ガスクロマトグラフ質量分析計が用いられている。

② 　日本工業規格（JIS）で定められた排ガス及び排水中のダイオキシン類の測定では、分解能 10,000 以上の質量分析計を使用することが決められている。

③ 　有害大気汚染物質としてのベンゼン等揮発性有機化合物（VOCs）の測定方法には、ステンレス製の試料採取容器を用いて大気試料を採取した後、その一定量をガスクロマトグラフ質量分析計で測定する容器採取–ガスクロマトグラフ質量分析法がある。

④ 　環境計測における液体クロマトグラフ質量分析法のイオン化法には、エレクトロスプレーイオン化法（ESI）及び大気圧化学イオン化法（APCI）が主に使用されている。

⑤ 　液体クロマトグラフ質量分析法は難揮発性物質、熱不安定物質の分析は困難であるが、ガスクロマトグラフ質量分析法はそれらの物質を直接的に分析することができる。

（平成 24 年度出題）

【解説】

化学物質の分析には、一般に質量分析法が用いられます。

① (○) 適切。環境省より『ダイオキシン類に係る大気環境調査マニュアル（平成 20 年 3 月改訂)』が発行されており、同省ウェブサイト（https://www.env.go.jp/air/osen/manual/manual.pdf）で公開されています。

同マニュアルにおいて、"ダイオキシン類の同定と定量は、キャピラリーカラムを用いる高分離能ガスクロマトグラフ（HRGC）と二重収束形の高分解能質量分析計（HRMS）を用いる高分解能ガスクロマトグラフ質量分析法（HRGC/HRMS）によって行う" と規定されています。

② (○) 適切。日本産業規格 K0311 排ガス中のダイオキシン類の測定方法では、分解能 10,000 以上の質量分析計の使用が決められています。ただし、内標準物質として $^{13}C_{12}$-OCDF を使用する場合、キャピラリーカラムの選択によっては 12,000 程度が必要となると規定されています。日本産業規格 K0311 工業用水・工場排水中のダイオキシン類の測定方法でも同様に規定されています。

③ (○) 適切。環境省ウェブサイト『有害大気汚染物質測定方法マニュアル（平成 31 年 3 月改訂)』（https://www.env.go.jp/air/osen/manual2/）の第 2 部第 1 章第 1 節 容器採取-ガスクロマトグラフ質量分析法（多成分同時測定方法）を参照してください。

④ (○) 適切。液体クロマトグラフ質量分析におけるイオン化法には、エレクトロスプレーイオン化法（ESI）、大気圧化学イオン化法（APCI）、大気圧光イオン化法（APPI）があります。

⑤ (×) 不適切。ガスクロマトグラフ質量分析法（GC/MS）は難揮発性物質、熱不安定物質等の分析は困難ですが、液体クロマトグラフィー／質量分析法（LC/MS）は、難揮発性、高極性、熱不安定化合物を直接的に分析することができます。

【解答】 ⑤

【キーワード】 ガスクロマトグラフ質量分析、液体クロマトグラフ質量分析、

イオン化法

Ⅲ-9

環境中の重金属等の元素の分析に用いられる誘導結合プラズマ質量分析法（ICP-MS）に関する次の記述のうち、最も適切なものはどれか。

① 多くの元素に対し、フレーム原子吸光分析法（FAAS）より高感度である。

② 試料中元素は、約 2,000 ℃のプラズマ中でイオン化され、質量分析計に導入される。

③ 測定対象元素の質量/電荷数（m/z）に近い値を持つ原子又は多原子イオンによるイオン化干渉を受けやすい。

④ イオン化干渉の除去・低減のために、コリジョン・リアクションセルが使用できる。

⑤ 同位体希釈法により、スペクトル干渉の影響を低減できる。

(平成 26 年度出題)

【解説】

①（○）適切。記述のとおりです。

②（×）不適切。試料中の元素は、6,000〜10,000k（5,727〜9,727 ℃）のプラズマ中でイオン化されます。

③（×）不適切。イオン化干渉ではなく、スペクトル干渉が適切な用語です。スペクトル干渉は ICP-MS の課題となっています。

④（×）不適切。コリジョン・リアクションセルはスペクトル干渉の除去・低減に用います。

⑤（×）不適切。同位体希釈法によって高い精度の分析が可能となります。

【解答】①

【キーワード】誘導結合プラズマ質量分析法（ICP-MS）、イオン化干渉、スペクトル干渉

Ⅲ－18

　水質汚濁に係る環境基準に追加されたノニルフェノールと直鎖アルキルベンゼンスルホン酸及びその塩に関する次の記述のうち、最も不適切なものはどれか。

① いずれも、生活環境の保全に関する環境基準項目である。
② いずれも、界面活性剤又はその原料として使用されている。
③ いずれも、複数の化合物を含む。
④ いずれも、ガスクロマトグラフ質量分析計を用いて測定する。
⑤ ノニルフェノールの基準値は、直鎖アルキルベンゼンスルホン酸及びその塩の基準値よりも低い。

（平成 29 年度出題）

【解説】

　平成 26 年度の出題「Ⅲ－10」が同一問題です。

　①（○）適切。亜鉛に引き続き、ノニルフェノールは平成 24 年 8 月、直鎖アルキルベンゼンスルホン酸及びその塩は平成 25 年 3 月に「水生生物保全環境基準」に追加されました。環境省ウェブサイト「水生生物保全環境基準が設定された項目（ノニルフェノール及び LAS）に係る排水対策に関する検討について」（https://www.env.go.jp/press/y090-44/mat03_1.pdf）を参照してください。

　②（○）適切。いずれも界面活性剤の原料として洗剤などに使用されています。

　③（○）適切。いずれも複数の化合物を含みます。

④（×）不適切。環境基準で、ノニルフェノールの測定方法は、"ガスクロマトグラフ質量分析計"を用いることとされています。一方、直鎖アルキルベンゼンスルホン酸及びその塩の測定方法は、"高速液体クロマトグラフ・タンデム質量分析計"を用いることとされています。環境省ウェブサイト「水質汚濁に係る環境基準」（https://www.env.go.jp/kijun/mizu.html）「別表2　生活環境の保全に関する環境基準」の付表11、12を参照してください。

⑤（○）適切。水域によって異なりますが、基準値は記述のとおりです。例えば、河川（湖沼を除く）における、項目類型"生物A"（イワナサケマス等比較的低温を好む〜略〜水域）での基準値は、ノニルフェノールが0.001mg/L以下、直鎖アルキルベンゼンスルホン酸及びその塩が0.03mg/L以下となっています。

【解答】④

【キーワード】ガスクロマトグラフ質量分析、ノニルフェノール、直鎖アルキルベンゼンスルホン酸及びその塩

Ⅲ−11

　ガスクロマトグラフ分析に関する次の記述のうち、最も不適切なものはどれか。

①　固定相の種類により気—固（吸着）クロマトグラフィーと気—液（分配）クロマトグラフィーに大別され、無機ガスや低沸点炭化水素類の分析には、一般に後者を用いる。

②　コールドオンカラム注入法は、熱に対して不安定な成分のガスクロマトグラフ分析に有効である。

③　有機ハロゲン化合物を選択的・高感度に検出する検出器として、電子捕獲検出器がある。

④　充てんカラム（パックドカラム）とキャピラリーカラムでは、分離

能力を理論段数で比較すると、キャピラリーカラムの方が高い理論段数を達成可能である。

⑤　日本工業規格 K0102（工場排水試験方法）において、有機りん農薬のガスクロマトグラフ法による分析では、検出器に炎光光度検出器又はアルカリ熱イオン化検出器を用いる。

（平成 29 年度出題）

【解説】

　ガスクロマトグラフ分析とは、気体を移動相とし、試料を移動相とともにカラムの中に流し、カラム表面の固定相との相互作用（吸着・分配）によって分離する方法です。常温で気体または加熱（通常 400℃ くらいまで）により気体となり熱に安定な物質が分析対象物質で、無機ガス（酸素、窒素、水素、二酸化炭素、アルゴンなど）や炭化水素類（飽和、不飽和、芳香族、ハロゲン化など）、エステル、アルデヒド、アミン、ガソリン、農薬などが含まれます。

　①（×）不適切。上記説明より、無機ガスや比較的低沸点な炭化水素の分析にはガスクロマトグラフ分析が適しています。これは設問の気─固（吸着）クロマトグラフィーに相当します。

　②（○）適切。コールドオンカラム注入法では、注入口を低温に維持し試料を分離カラムへ直接導入します。その後、カラム温度を昇温し測定を行うものです。

　③（○）適切。電子捕獲検出器（ECD）は、検出器セル内に封印された放射性同位元素（ニッケル 63）から放たれるベータ線により発生する自由電子が、サンプルと再結合する現象を利用します。PCB や農薬などの有機ハロゲン化合物の分析に適します。

　④（○）適切。理論段数は、代表的なカラム性能指標です。この数値が高ければ高性能、すなわち分離性能の良いカラムとなります。理論段数はまた、カラム長が同じであればカラム内径が小さくなるほど大きくなります。一般にカラム内径は、充てんカラムで 2〜4mm、キャピラリーカラムでは 1mm 以下で

す（図参照）。

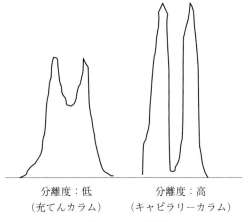

分離度：低　　　　　　分離度：高
（充てんカラム）　　（キャピラリーカラム）

カラム種類による分離度の違い

⑤（○）適切。炎光光度検出器（FPD）は、大気や排水中の硫黄化合物、及び排水・土壌中の有機リン化合物の定量分析に適します。アルカリ熱イオン化検出器（FTD）は、水素炎でサンプルをイオン化するもので、窒素やリン含む化合物に対して高い応答を示します。

【解答】①

【キーワード】ガスクロマトグラフ分析、コールドオンカラム注入法、電子捕獲検出器、キャピラリーカラム、炎光光度検出器

Ⅲ-6

　クロマトグラフィーを利用した各種分析法に関する次の記述のうち、最も不適切なものはどれか。

①　ガスクロマトグラフィーにおける電子捕獲検出器は、放射性同位元素からのベータ線によって生成した自由電子が、分析対象物質と再結合する現象を利用して測定する。

② 液体クロマトグラフィーにおける電気化学検出器は、一定の電圧を作用電極に印加し、分析対象物質の酸化反応又は還元反応によって流れる電流を測定する。

③ ガスクロマトグラフィーにおける熱イオン化検出器は、水素の燃焼熱によって分析対象の有機化合物に含まれる炭素をイオン化して得られるイオン電流を測定する。

④ 液体クロマトグラフ質量分析計の代表的なイオン化法の１つであるエレクトロスプレーイオン化法は、分離カラムからの溶出液を通すキャピラリーチューブ先端に高電圧を印加し、窒素などのネブライザーガスとともに噴霧することで、試料溶液を微霧化及び帯電液滴化することで分析対象物質をイオン化する。

⑤ 薄層クロマトグラフィーの」R_f値は、「原線から溶媒の移動最先端までの距離」に対する「原線から試料成分までの移動距離」の比である。

（平成 29 年度出題）

【解説】

クロマトグラフィーでは、固定相と移動相の２つの相が平衡状態にある状態で、そこを試料が移動します。試料は移動相に乗って流れますが、試料中の各成分が２つの相と相互作用をして、その際に生じる相互作用の差に応じて、各成分が分離する仕組みです。クロマトグラフィーの種類は多く、代表的なものはガスクロマトグラフィー、液体クロマトグラフィー、薄層クロマトグラフィー、イオン交換クロマトグラフィーなどがあります。

①（○）適切。電子捕獲検出器（ECD）では、検出器セル内に放射性同位元素ニッケル63が封印されています。ここから放たれるベータ線が移動相（一般には高純度窒素ガス）をイオン化し電子を放出、分析対象の親電子性化合物がその自由電子を捕獲します。サンプル濃度が高いほど自由電子が捕獲される（サンプルのイオン化が多い）ので、その現象を利用して測定します。PCB や

農薬などのハロゲン化合物の分析に適しています。

②（○）適切。電圧の印加がサンプルの酸化還元反応を誘起し電子移動が生じます。電極表面での電子移動（酸化反応の場合はサンプルから電子を捕獲する。還元反応はその逆）による電流値を計測することでサンプル濃度を測定します。

③（×）不適切。熱イオン化検出器（TID）は、窒素（N）またはリン（P）を含む化合物に特化した検出器です。ここでイオン化されるのはNまたはPで炭素ではありません。

④（○）適切。エレクトロスプレーイオン化法は、イオン性・高極性化合物の分析に適しています。そのほかの代表的なイオン化法には大気圧化学イオン化法があり、主に低・中極性化合物の分析に適しています。

⑤（○）適切。R_f値は0–1の間を取り、溶媒の種類や混合比率により変化します。同じ条件であればR_f値は物質固有です。展開溶媒の極性が大きくなるほどR_f値も大きくなる傾向があります。一般にR_f値が0.2–0.8となるような展開溶媒を使用します（下図参照）。

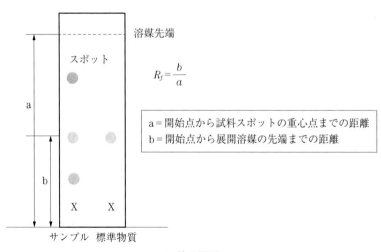

$$R_f = \frac{b}{a}$$

a＝開始点から試料スポットの重心点までの距離
b＝開始点から展開溶媒の先端までの距離

R_f値の説明

【解答】③

【キーワード】クロマトグラフィー、検出器、イオン化法、R_f 値

Ⅲ－13

　我が国が定める「排出ガス中の水銀測定法（平成 28 年環境省告示 94 号）」の測定方法に関する次の記述のうち、最も不適切なものはどれか。

① 　測定対象となる排出ガス中の水銀はガス状水銀及び粒子状水銀の両方である。

② 　ガス状水銀の採取に用いる吸収瓶は 2 本以上を直列に連結する。

③ 　ガス状水銀を採取するために、過マンガン酸カリウムと塩酸の混合溶液を吸収液として用いる。

④ 　ガス状水銀の濃度測定では、酸性化した分析試料溶液に塩化すず（Ⅱ）水溶液を手早く添加し、発生した水銀を原子吸光分析装置に導入して測定する。

⑤ 　ガス状水銀の分析試料の調製では、煮沸処理後、吸収液中に残存する過剰の吸収液試薬に塩化ヒドロキシルアンモニウム溶液を滴加して分解する。

（平成 30 年度出題）

【解説】

　「排出ガス中の水銀測定法（平成 28 年環境省告示 94 号）」は、環境省ウェブサイト（https://www.env.go.jp/hourei/add/d042.pdf）で公開されています。

　①、②、④、⑤（○）適切。記述のとおりです。

　③（×）不適切。吸収液については、次のように規定されています。

エ　吸収液
　等量の過マンガン酸カリウム溶液（3g/L）と硫酸（1+15）とを混合し、着色ガラス瓶に保存する。

【解答】③

【キーワード】排出ガス中の水銀測定法

Ⅲ－14

日本工業規格 JIS K0211：2013（分析化学用語（基礎部門））の測定の信頼性に関する次の記述のうち、最も不適切なものはどれか。

① 「真の値」とは、ある特定の量の定義と合致する値をいう。

② 「不確かさ」とは、測定の結果に付随した、合理的に測定量に結びつけられる値のばらつきを特徴付けるパラメーターをいう。

③ 「ばらつき」とは、大きさがそろっていない測定値の状態のことである。

④ 「かたより」とは、測定値から真の値を引いた値をいう。

⑤ 「分析誤差」とは、化学分析操作に伴って生じる誤差で、系統誤差及び偶然誤差を含むが、分析手順に起因するかたよりは系統誤差である。

（平成 30 年度出題）

【解説】

平成 26 年度の出題「Ⅲ－11」が類似問題です。

「JIS K 0211：2013（分析化学用語（基礎部門））」は、日本工業標準調査会ウェブサイト（https://kikakurui.com/k0/K0211-2013-01.html）で公開されています。

①～③、⑤（○）適切。記述のとおりです。"9038 真の値"、"9067 不確かさ"、"9059 ばらつき"、"9072 分析誤差"が「JIS K 0211：2013」に定義されています。

④（×）不適切。"9008 かたより"では、"平均値（測定値の母平均）から真の値を引いた値"と定義されています。

【解答】④

【キーワード】JIS K 0211：2013、真の値、不確かさ、ばらつき、かたより、分析誤差

Ⅲ－15

大気中微小粒子状物質（PM₂.₅）成分測定マニュアル（平成28年4月1日公表版）に関する次の記述のうち、最も不適切なものはどれか。

① PM₂.₅に含まれるイオン成分のイオンクロマトグラフ法による分析は、PM₂.₅を捕集したフィルタに超純水を加えて十分に浸した後、超音波を照射してイオン成分を抽出する。

② 四ふっ化エチレン樹脂（PTFE）製フィルタは、PM₂.₅に含まれる無機元素及び多環芳香族炭化水素（PAHs）の両方の分析に適用できるPM₂.₅の捕集フィルタである。

③ PM₂.₅に含まれる炭素成分の分析では、炭素成分は有機炭素及び炭酸塩炭素の2種類に区別される。

④ PM₂.₅に含まれるニッケルを分析する場合は、PM₂.₅を捕集したフィルタを密閉容器内で酸及び酸化剤を加えて加熱分解する。

⑤ PM₂.₅に含まれる水溶性有機炭素の測定方法として、燃焼酸化非分散赤外線吸収法による全有機炭素（TOC）測定法がある。

（平成30年度出題）

【解説】

『大気中微小粒子状物質（PM₂.₅）成分測定マニュアル』は、環境省ウェブサイト（https://www.env.go.jp/air/osen/pm/ca/manual.html）で公開されています。

① （○）適切。「イオン成分測定法（イオンクロマトグラフ法）」第2版 "4.2

試料フィルタの抽出"に記載されています。

②（○）適切。「捕集法（成分測定用微小粒子状物質捕集法）」"3.1　成分別フィルタの選択と準備"で PTFE フィルタの特徴に分析可能成分として、"無機元素、イオン成分、PAH（多環芳香族炭化元素）、Si、質量濃度"があげられています。

③（×）不適切。「炭素成分測定方法（サーマルオプテカル・リフレクタンス法）」第 2 版　1."概要"で"環境大気中の粒子状物質の主要成分である炭素成分は、有機炭素（Organic Carbon；OC）、元素状炭素（Elemental Carbon；EC）、及び炭酸塩炭素（Carbonate Carbon；CC）の 3 種類に区別される。"となっています。

④（○）適切。環境省ウェブサイト「微小粒子状物質（PM$_{25}$）の成分分析ガイドライン」（https://www.env.go.jp/air/osen/pm/ca/110729/no_110729001b.pdf）であげられている無機元素は、ナトリウム、アルミニウム、カリウムなどで、ニッケルも無機元素に含まれます。「無機元素測定法」"4.2 試料フィルタの分解"で方法が記載されています。

⑤（○）適切。水溶性有機炭素成分測定方法で全有機炭素（TOC）測定法が述べられています。

【解答】③

【キーワード】PM$_{25}$、有機炭素、元素状炭素、炭酸塩炭素、全有機炭素測定法（TOC）

Ⅲ－20

農薬などの分析に一般的に使われる装置である液体クロマトグラフと質量分析計又はタンデム質量分析計との組合せ（LC/MS 又は LC/MS/MS）に関する次の記述のうち、最も不適切なものはどれか。なお、ここでは質量分析計（MS）は四重極型に限定する。

① LC/MS や LC/MS/MS は、不揮発性の極性物質ないしイオン性物質を分離、定量するためによく使われるが、極性基や解離基のない物質（例えば、炭素、水素、ハロゲン元素のみからなる物質）に適用できる場合もある。

② イオン性物質の再現性のよい分離・定量には LC の溶離液の pH コントロールが有効であるが、リン酸やそのナトリウム塩などは通常使用しない。

③ LC/MS と比較すると、LC/MS/MS の方が一般に測定対象物質に対する選択性がより高く妨害も減り、ベースラインも下がって低濃度まで測定しやすくなる。

④ LC は、圧力に耐えられる範囲でできるだけ流速を上げて使用した方が、分離も感度もよくなり測定に要する時間も短くなる。

⑤ LC/MS や LC/MS/MS では、同時にイオン源に入る共存物質により対象物質のイオン化効率が影響されやすいため、試料中になく、対象物質と同じようにイオン化効率が影響されると予想されるサロゲート物質を既知量加えて同時測定し、イオン化効率の変化を補正する方法がとられる。

（平成30年度出題）

【解説】

① （○）適切。疎水性の高い非極性物質の分離には順相クロマトグラフィーを利用します。これは、固定相極性が高く、移動相極性が低い条件です。

② （○）適切。イオン性物質の溶離液中での解離度は pH に依存するため、計測対象物質に合わせた pH 調節が重要です。リン酸やそのナトリウム塩は pH 変化を和らげる（緩衝作用）ため、イオン性物質の再現性を高めるための pH コントロールには適しません。

③ （○）適切。LC/MS/MS では2段階の質量分析ができるため、サンプルの選択性が高く、かつ高感度に定量することができます。また、化合物の構造

解析においても多くの情報を得ることができます。

④（×）不適切。カラム充填剤に圧力がかかり過ぎると、充填剤の割れ・偏平が生じ、奥へ押し込まれます。そのため、さらに圧力がかかるため、入口充填部に隙間が空きピークが変形します。また、一般的にカラム圧が高ければ高いほど、カラム寿命は短くなります。適切な分離度を維持するためには、耐圧上限の1/2から2/3程度の圧力で分析するのが好ましいです。

⑤（○）適切。サロゲート物質は、定量対象物質の構成元素を同位体置換した物質です。設問の方法は、既知濃度成分をあらかじめ混入させて定量する内部標準法の1つです。

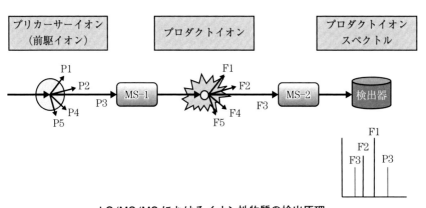

LC/MS/MS におけるイオン性物質の検出原理

【解答】④

【キーワード】LC/MS、LC/MS/MS、イオン性物質、内部標準法、サロゲート物質

Ⅲ-21

　環境分析では、試料採取から分析結果の報告までの過程で起こり得る主な誤差要因や過誤に対し、その低減方法、検出方法や補正方法を考えることが大切であるが、結果の信頼性を評価する分析精度管理に関する次の記

述のうち、最も不適切なものはどれか。

① 試料採取に当たっては、分析対象物質の空間的、時間的な変動や、安定性などを考慮しながら、目的に応じて最適な試料採取、分析計画を立てる必要がある。

② 既知量の測定対象物質を実試料に添加して抽出する添加回収試験では、実試料における回収率を必ずしも評価できるとは限らない。

③ 分析誤差を生む主な要因のうち、前処理過程で汚染が起きた場合に補正する方法として、同位体ラベルの内部標準物質を既知量添加する方法が一般に使われる。

④ 前処理過程において共存物質の除去を適切に行うことは、分析結果の信頼性を高めるための重要な手段の 1 つである。

⑤ 分析法の信頼性、適用性を評価する 1 つの手段として、認証標準物質を入手して測定し、結果が認証値の範囲に入るかどうかを調べる方法がある。

(平成 30 年度出題)

【解説】

① (○) 適切。対象とする環境を代表するデータを得るためには、適切なサンプリング計画とその作業、分析計画が必要です。サンプリング条件や分析条件を同じにすることで、外部要因から生じる誤差を小さくすることができます。

② (○) 適切。実試料の回収率をより正確に評価するためには、添加成分が純品であり、かつ実際に存在している状態で添加される必要があります。ただし、本試験では一定の比率で存在している誤差（相乗誤差）を確認することができるため、検量線を用いてこの誤差を補正することが可能です。

③ (×) 不適切。内部標準物質を添加する内部標準法は、ガスクロマトグラフ分析等において定量分析のための検量線を作成する際に利用されます。内部標準法のメリットは、注入量や溶解溶媒の揮発による分析誤差を防ぐことであ

り、前処理過程での汚染による補正はできません。

④（○）適切。試料中に存在し、目的成分以外の物質及び測定値を変化させる可能性のある物質が共存物質です。共存物質の干渉が測定値に対し正または負の影響を与えるため、前処理段階で除去することが重要です。

⑤（○）適切。認証書が添付された標準物質であり、認証書に記載された認証値はトレーサビリティの確立された手順によって確定され、不確かさが付与されています。測定値がこの不確かさ（範囲）内であれば、分析の信頼性や適用性は担保されたといえます。

【解答】③

【キーワード】分析精度管理、添加回収試験、内部標準法、共存物質、認証標準物質

2. 主要キーワードと解説

（1）騒音、振動

1）騒音規制法

　工場及び事業場における事業活動ならびに建設工事に伴って発生する相当範囲にわたる騒音について必要な規制を行うとともに、自動車騒音に係る許容限度を定めることなどにより、生活環境を保全し、国民の健康の保護に資することを目的とした法律で、昭和43年（1968年）12月に施行されました。工場・事業場騒音、建設作業騒音、自動車騒音、深夜騒音の規制が規定されています。

　騒音規制法は令和3年12月に改正が閣議決定され、規制対象要件が一部変更になります。

（改正前）

　空気圧縮機及び送風機（原動機の定格出力が七・五キロワット以上のものに限る。）

（改正後）

　空気圧縮機（一定の限度を超える大きさの騒音を発生しないものとして環境大臣が指定するものを除き、原動機の定格出力が七・五キロワット以上のものに限る。）及び送風機（原動機の定格出力が七・五キロワット以上のものに限る。）

　これは、大型のコンプレッサーの性能進化により、現状の法律と合わなくなっているためです。

2）騒音に係る環境基準

　騒音に係る環境上の条件について、生活環境を保全し、人の健康の保護に資

する上で維持されることが望ましい基準で、地域の類型及び時間の区分ごとに指定されています。航空機騒音、鉄道騒音、建設作業騒音を除く、一般騒音に適用されます。

　地域の類型と基準値は、AA（療養施設、社会福祉施設等が集合して設置される地域など特に静穏を要する地域）が昼間50dB以下、夜間40dB以下、A（専ら住居の用に供される地域）及びB（主として住居の用に供される地域）が昼間55dB以下、夜間45dB以下、C（相当数の住居と併せて商業、工業等の用に供される地域）が昼間60dB以下、夜間50dB以下としています。時間の区分は、昼間を午前6時～午後10時までの間とし、夜間を午後10時～翌日の午前6時までの間としています。道路に面する地域は別の基準が設けられています。

3）騒音の測定と評価

　騒音の測定は、計量法の条件に合格した騒音計を用いて行い、周波数補正回路はA特性を用います。

　騒音の測定に関する方法は、原則として日本工業規格Z8731によって行います。ただし、時間の区分ごとに全時間を通じて連続して測定した場合と比べて統計的に十分な精度を確保し得る範囲内で、騒音レベルの変動などの条件に応じて、実測時間を短縮することができるとしています。

　環境省では、「騒音に係る環境基準の評価マニュアル」を公表し、基本評価編、地域評価編（道路に面する地域）、地域評価編（一般地域）に分けて、騒音の評価方法および測定方法を詳しく提示しています。

4）航空機騒音に係る環境基準

　航空機騒音に係る地域の類型ごとの基準値は、Ⅰ（専ら住居の用に供される地域）で57dB以下、Ⅱ（Ⅰ以外の地域であって通常の生活を保全する必要がある地域）で62dB以下とされています。

　評価は時間帯補正等価騒音レベル（Lden）を用いて算出し、測定は原則と

して連続 7 日間行い、騒音レベルの最大値が暗騒音より 10dB 以上大きい航空機騒音について、単発騒音暴露レベル（LAE）を計測します。単発騒音暴露レベルの求め方については、日本工業規格 Z 8731 に従うものとしています。

5）新幹線鉄道騒音に係る環境基準

　新幹線鉄道騒音に係る地域の類型ごとの基準値は、Ⅰ（主として住居の用に供される地域）で 70dB 以下、Ⅱ（商工業の用に供される地域などⅠ以外の地域であって通常の生活を保全する必要がある地域）で 75dB 以下とされています。

　評価はピークレベルのうちレベルの大きさが上位半数のものをパワー平均して行うものとし、測定は計量法の条件に合格した騒音計を用いて、周波数補正回路は A 特性を、動特性は遅い動特性（SLOW）を用いることとしています。

6）振動規制法

　工場及び事業場における事業活動ならびに建設工事に伴って発生する相当範囲にわたる振動について必要な規制を行うとともに、道路交通振動に係る要請の措置を定めることにより、生活環境を保全し、国民の健康の保護に資することを目的とした法律で、昭和 51（1976 年）年 12 月に施行されました。工場・事業場振動、建設作業振動、道路交通振動の規制が規定されています。

　振動規制法は令和 3 年 12 月に改正が閣議決定され、規制対象要件が一部変更になります。

（改正前）

　圧縮機（原動機の定格出力が七・五キロワット以上のものに限る。）

（改正後）

　圧縮機（一定の限度を超える大きさの振動を発生しないものとして環境大臣が指定するものを除き、原動機の定格出力が七・五キロワット以上のものに限る。）

　これは、大型のコンプレッサーの性能進化により、現状の法律と合わなく

なっているためです。

（2）分析

1）ガスクロマトグラフ質量分析（GC/MS；Gas Chromatography Mass Spectrometry）

有機化合物やダイオキシンなど気化する物質の定性・定量分析に用います。試料（分析対象物）をガス化させ、所定のプロセス（カラム）を経てガス中の成分を分離し、質量検出器で測定されます。

一般的に揮発性、熱安定性物質が分析対象となります。

各種環境測定（水質、大気、土壌汚染など）のほか、工業製品の成分や、食品の成分などの分析ができます。

クロマトグラフィーでは、移動相が機器を通過する過程で分離され、分析（定量・同定）されます。移動相が気体での分析機構が「ガスクロマトグラフィー」、移動相が液体での分析機構が「液体クロマトグラフィー」となります。

2）液体クロマトグラフ質量分析法（LS/MS；Liquid Chromatography Mass Spectrometry

有機化合物、農薬、石油化学などの分析に用います。試料（分析対象物：液体）をポンプなどで、所定のプロセス（カラム）を経て液体中の成分を分離し、質量検出器で測定されます。

一般的に、不揮発性、熱不安定性物質分析対象となります。

第 7 章

自然生態系及び風景の保全

1. 問題と解説

（1）生物、生態系

我が国における野生生物を取り巻く状況に関する次の記述のうち、最も不適切なものはどれか。

① 近年、ニホンジカやイノシシ等の一部の鳥獣については、急速に生息数が増加するとともに生息域が拡大し、その結果、自然生態系や農林水産業等への被害が拡大・深刻化している。

② 2013年に、環境省と農林水産省が共同で「抜本的な鳥獣捕獲強化対策」を取りまとめ、当面の捕獲目標として、ニホンジカ、イノシシの個体数を2023年度までに半減させることを目指すこととした。

③ 2015年5月に施行された鳥獣の保護及び管理並びに狩猟の適正化に関する法律（以下「鳥獣保護管理法」という）においては、都道府県が捕獲を行う指定管理鳥獣捕獲等事業などの措置が導入された。

④ 認定鳥獣捕獲等事業者制度は、鳥獣保護管理法に基づき、鳥獣の捕獲等に係る安全管理体制や従事者の技能・知識が一定の基準に適合し、安全を確保して適切かつ効果的に鳥獣の捕獲等を実施できる事業者を国が認定するものである。

⑤ 狩猟者については、約53万人（1970年度）から約19万人（2015年度）まで減少し、さらに2015年度において60歳以上の狩猟者が全体の約3分の2を占める等、高齢化が進んでいる。

【解説】

　①（○）適切。記述のとおりです。ニホンジカ、イノシシ等の増加と生息域分布に伴う被害の深刻化により、国はニホンジカとイノシシの生息数を 10 年後（平成 35 年：2023 年）までに半減することとしました。一方、狩猟者の減少・高齢化が進んでおり、狩猟者の負担が増加しているのが現状です。これらの対応策として認定鳥獣捕獲等事業者制度が導入されることになったものです。

　②（○）適切。①の解説のとおりです。

　③（○）適切。鳥獣保護法の改正により都道府県又は国が捕獲等をする事業の実施が可能となりました。指定管理鳥獣にはニホンジカ及びイノシシが指定されています。環境省ウェブサイト「指定管理鳥獣捕獲等事業」（https://www.env.go.jp/nature/choju/reinforce/index.html）より。

　④（×）不適切。"事業者を国が認定する"の記述が誤りです。認定鳥獣捕獲等事業者の認定制度では、安全管理体制、適正かつ効率的に鳥獣を捕獲するために必要な技能・知識を有する事業者(法人)を都道府県知事が認定することとなっています。

　⑤（○）適切。記述のとおりです。環境省ウェブサイト「指定管理鳥獣捕獲等事業」パンフレット（https://www.env.go.jp/nature/choju/capture/pdf/cap5-eaflet.pdf）より。

【解答】④

【キーワード】鳥獣保護管理法、ニホンジカ、認定鳥獣捕獲等事業者制度、指定管理鳥獣

Ⅲ－27

　我が国の外来種の状況や施策に関する次の記述のうち、最も不適切なものはどれか。

① 我が国の生物多様性の損失に関する各種要因の中でも、外来種の侵入と定着による影響は非常に大きい。

② 国内に侵入・定着した侵略的な外来種が分布を拡大させるなど、外来種による影響は近年も増大傾向にある。

③ 「外来種被害防止行動計画（2015 年 3 月環境省、農林水産省、国土交通省）」では、外来種による被害を防止するための基本的な考え方や、外来種対策において各主体が果たすべき役割と行動指針などが盛り込まれている。

④ 外来種被害予防三原則とは、「入れない」、「捨てない」、「拡げない」の 3 つである。

⑤ 2017 年に国内で初確認されたヒアリは、「特定外来生物による生態系等に係る被害の防止に関する法律（平成 16 年法律第 78 号）」に基づく特定外来生物に指定されていない。

（平成 30 年度出題）

【解説】

①〜④（○）適切。記述のとおりです。

⑤（×）不適切。環境省ウェブサイト「特定外来生物等一覧」（https://www.env.go.jp/nature/intro/2outline/list.html）の昆虫類・アリ科では、ヒアリ、アカカミアリ、アルゼンチンアリ、コカミアリの 4 種類が指定されています。

【解答】⑤

【キーワード】外来種、特定外来生物、外来種被害予防三原則、特定外来生物による生態系等に係る被害の防止に関する法律（外来生物法）

Ⅲ－28

外来生物の侵略に関する次の記述のうち、最も不適切なものはどれか。

① 外来生物の侵略は、移入、定着、急増、蔓延というプロセスをたどるため、その初期ほど防除措置のコストは小さくてすむ。

② 生物が地域の生態系に侵入して侵略的にふるまうかどうかは、生物の侵略性と環境の被侵略性の両方の要因によって決まる。

③ 農耕地のような単一の作物からなる生態系は群集の安定をもたらすという仮説を、エルトンは提唱した。

④ 当該地域と同様な気候条件を持つ別の地域で雑草として問題になった植物は、当該地域においても侵略的にふるまう可能性がある。

⑤ 地球温暖化などで環境が変化し、そこに生じた新しい生態系に在来種が十分適応できていない場合、外来種による侵略は起きやすくなる。

(平成 26 年度出題)

【解説】

① (○) 適切。初期段階であれば個体数が少ないため、防除のコストは少なくなります。

② (○) 適切。ある環境で外来種に天敵がいない場合、侵略性は高くなります。

③ (×) 不適切。生態学者エルトンは、農耕地のような単一の作物からなる生態系では昆虫個体群が大発生しやすいと唱えています。また、生物が多様であるほど個体群は安定すると唱えています。

④、⑤ (○) 適切。記述のとおりです。

【解答】 ③

【キーワード】外来生物

Ⅲ-29

生態学用語に関する次の記述のうち、最も不適切なものはどれか。

① 群集の多様性について、1 つの生活場所内、あるいは群集内多様性

をアルファ（α）多様性と呼ぶ。

② 植物群落の二次遷移とは、植物の繁殖のもとになる胞子、種子、根系を含まない基質の上に成立するものである。

③ 退行遷移とは植物群落の遷移が通常とは逆方向に進行し、後退することである。

④ 異なる地理的地域で同じニッチェを占有する種は生態的同位種と呼ばれる。

⑤ 植物群落の遷移は、気候の変化や外力が作用しなくても起こるので、自律遷移といわれる。

（平成 28 年度出題）

【解説】

平成 27 年度の出題「Ⅲ − 29」が類似問題です。

① （○）適切。生物の多様性の区分には、アルファ多様性のほかに、ガンマ多様性（異なる環境間の多様性）、ベータ多様性（対象とするすべての環境間の多様性）があります。

② （×）不適切。二次遷移は、植物の繁殖のもとになる胞子、種子、根系を含む基質の上に成立するものです。生物を全く含まない基質から始まる遷移を一次遷移といいます。

③ （○）適切。記述のとおりです。

④ （○）適切。ニッチェとは生態的地位という意味です。

⑤ （○）適切。記述のとおりです。

【解答】②

【キーワード】群集の多様性、植物群落の遷移、退行遷移、生態的同位種、自律遷移

（2）絶滅危惧

Ⅲ－26

　我が国の野生生物の状況や施策に関する次の記述のうち、最も不適切なものはどれか。

① 2020年3月に公表された環境省レッドリスト2020では、絶滅危惧種として13分類群合計で3,716種が掲載されており、我が国の野生生物は依然として厳しい状況に置かれている。

② レッドリストについては、2015年度以降、生息状況の悪化等によりカテゴリーの再検討が必要な種について、時期を定めずに必要に応じて個別に見直しを行うこととされている。

③ 絶滅危惧種の分布情報と植生自然度を分類群ごとに集計すると、両生類の69％、昆虫類の78％、維管束植物の57％は、自然草原や自然林等の原生自然に生息・生育している。

④ 絶滅危惧種の減少要因は多岐にわたるが、例えば、昆虫類については、開発や捕獲のほか、水質汚濁、外来種による捕食、管理放棄や遷移進行・植生変化が大きな減少要因となっている.

⑤ 里地里山等の二次的自然に生息・生育する種の保護については、「絶滅のおそれのある野生動植物の種の保存に関する法律（平成4年法律第75号）」に基づく一律の規制が、調査研究や環境教育等に支障を及ぼす場合があるなどの問題点も指摘されていたことから、同法律が2017年に改正され、商業目的での捕獲等のみを規制することができる「特定第二種国内希少野生動植物種制度」が創設された。

（令和2年度出題）

【解説】

　「環境省レッドリスト2020」については、環境省ウェブサイト（http://

www.env.go.jp/press/107905.html）で公開されています。

①、②、④、⑤（○）適切。記述のとおりです。

③（×）不適切。"自然草原や自然林等の原生自然に生息・生育している"の記述が誤りです。絶滅危惧種の多くは"里地里山等の二次的自然"に生息しています。平成28年版の『環境白書』では次のように記載されています。

"絶滅危惧種のうち、両生類の69％、魚類の70％、昆虫類の78％は、里地里山等の二次的自然（農耕地（水田・畑）／緑の多い住宅地、農耕地（樹林地）、二次草原（背の低い草原）、二次草原（背の高い草原）、植林地、二次林）に生息していることが明らかとなっています。また、維管束植物についても57％が、貝類についても62％が二次的自然に生息、生育しています。"

【解答】③

【キーワード】環境省レッドリスト2020、絶滅危惧種、種の保存法

Ⅲ—28

「絶滅のおそれのある野生動植物の種の保存に関する法律（種の保存法）」に基づく国内希少野生動植物種に関する次の記述のうち、最も不適切なものはどれか。

① 国内希少野生動植物種は、レッドリストに掲載されている絶滅のおそれのある種（絶滅危惧Ⅰ類、Ⅱ類）のうち、人為の影響により生息・生育状況に支障をきたしているものの中から指定される。

② 国内希少野生動植物種の捕獲等は、目的によっては許可されることがある。

③ 特定第二種国内希少野生動植物種は、里地里山等の二次的自然の絶滅危惧種を対象とした制度で、販売・頒布を目的とした捕獲や譲渡、個人での愛玩飼育等は原則禁止とされている。

④ 国内希少野生動植物種に指定されている種のうち、捕獲や採取等の

　　規制を行うだけでは個体群の存続が困難なものについては、生息地等

　　保護区を指定し、地区内での開発行為等が規制されている。

　⑤　国内希少野生動植物種に指定されている種のうち、その個体の繁殖

　　の促進、生息地等の整備等の事業が必要と認められた場合は、保護増

　　殖事業が実施されている。

（令和3年度出題）

【解説】

　①（○）適切。記述のとおりです。

　②（○）適切。記述のとおりです。③の解説を参照してください。

　③（×）不適切。国内希少野生動植物種及び緊急指定種は、捕獲、採取、殺傷又は損傷を禁じられています。しかし、特定第二種国内希少野生動植物種については、販売又は頒布をする目的以外の目的での捕獲は認められています。種の保存法では次のように規定されています。

（捕獲等の禁止）

第九条　国内希少野生動植物種及び緊急指定種（以下この節及び第五十四

　　条第二項において「国内希少野生動植物種等」という。）の生きている

　　個体は、捕獲、採取、殺傷又は損傷（以下「捕獲等」という。）をして

　　はならない。ただし、次に掲げる場合は、この限りでない。

一　次条第一項の許可を受けてその許可に係る捕獲等をする場合

二　販売又は頒布をする目的以外の目的で特定第二種国内希少野生動植物

　　種の生きている個体の捕獲等をする場合

三　生計の維持のため特に必要があり、かつ、種の保存に支障を及ぼすお

　　それのない場合として環境省令で定める場合

四　人の生命又は身体の保護その他の環境省令で定めるやむを得ない事由

　　がある場合

④（○）適切。生息地等保護区の指定は同法 36 条で規定されています。さらに、37 条で"環境大臣は、生息地等保護区の区域内で国内希少野生動植物種の保存のため特に必要があると認める区域を管理地区として指定することができる。"とされ、開発行為の許可を含む規制が規定されています。

⑤（○）適切。同法第 4 章で保護増殖事業の実施が規定されています。種の保存法（4 条）では特定国内希少野生動植物種は次のように定義されています。

特定第一種国内希少野生動植物種：

次のいずれにも該当する国内希少野生動植物種であって、政令で定めるもの。

一　商業的に個体の繁殖をさせることができるものであること。

二　国際的に協力して種の保存を図ることとされているものでないこと。

特定第二種国内希少野生動植物種：

次のいずれにも該当する国内希少野生動植物種であって、政令で定めるもの。

一　種の個体の主要な生息地若しくは生育地が消滅しつつあるものであること又はその種の個体の生息若しくは生育の環境が著しく悪化しつつあるものであること。

二　種の存続に支障を来す程度にその種の個体の数が著しく少ないものでないこと。

三　繁殖による個体の数の増加の割合が低いものでないこと。

四　国際的に協力して種の保存を図ることとされているものでないこと。

【解答】③

【キーワード】種の保存法、特定第一種、第二種国内希少野生動植物種

（3）自然公園制度、自然環境保全制度

Ⅲ−33

日本の自然公園制度に関する次の記述のうち、最も不適切なものはどれか。

---

①　1931（昭和6）年に国立公園法が制定され、1934（昭和9）年3月に同法に基づき、我が国最初の国立公園として、瀬戸内海、雲仙、霧島の3公園が指定された。

②　1957（昭和32）年には国立公園法に代えて自然公園法が制定され、国立公園に加えて国定公園が法律上位置付けられるとともに、都道府県が条例に基づき都道府県立自然公園を指定できることとされた。

③　国定公園では、公園計画に基づき特別地域を指定することができ、その区域内で工作物の新築、樹木の伐採、土地の形状変更等の行為を行おうとする者は環境大臣の許可を受けなければならない。

④　都道府県立自然公園では、条例の定めにより特別地域を指定することができるが、その区域内における行為に関する規制は、国立公園の規制の範囲内において定めることができる。

⑤　2021（令和3）年3月31日現在、国立公園34か所、国定公園58か所が指定されており、都道府県立自然公園を含めると、自然公園の総面積は国土の14％を超えている。

（令和3年度出題）

【解説】

平成30年度の出題「Ⅲ-33」が類似問題です。

①、②、④、⑤（○）適切。記述のとおりです。

③（×）不適切。"環境大臣の許可"の記述が誤りです。環境大臣の許可は国立公園の場合に必要とされます。環境大臣は、国立公園について、都道府県知事は国定公園について、特別地域を定めることができます（自然公園法第20条）。

国定公園の区域内の工作物の新築・改築・増築、樹木の伐採、土地の形状変更等の行為を行う場合は、都道府県知事の許可を受けなければなりません。ただし、非常災害に必要な応急措置として行う行為等は除外されます（自然公園法第20条3）。

【解答】③

【キーワード】自然公園制度、自然公園法、国定公園、国立公園、都道府県立
自然公園

Ⅳ－26

日本の自然公園制度に関する次の記述のうち，最も不適切なものはどれ
か。

① 国立公園や国定公園では、特別保護地区を指定することができ、こ
の地区内では落枝落葉の採取や木竹の植栽が規制されている。
② 我が国の自然公園は、土地所有にかかわらず区域を指定できる地域
制の自然公園の制度となっており、公園内には私有地も含まれる。
③ 国立公園や国定公園では、海域公園地区を指定することができ、こ
の地区内では一切の漁業が禁止されている。
④ 国立公園や国定公園の普通地域では、一定規模を超える工作物の新
築・改築・増築について届け出が必要である。
⑤ 国立公園や国定公園では、利用調整地区を指定することができ、こ
の地区内に立ち入るには、認定等の手続きが必要である。

(平成 24 年度出題)

【解説】

国立公園・国定公園では、自然環境や利用状況を考慮して特別保護地区、第
1種～第3種特別地域、海域公園地区、普通地域の6つの地種区分を公園内に
設けています。また、過剰利用によって自然環境が破壊されるおそれが生じた
り、適正で円滑な利用が損なわれたりしている地域には、利用調整地区を設け、
立ち入ることのできる期間や人数を制限するなどして、良好な自然景観と適正
な利用を図っています。

①（○）適切。特別保護地区は、公園の中で特にすぐれた自然景観、原始状態を保持している地区で、国立公園法により最も厳しく行為が規制されています。一般的な規制に加え、特に規制される行為は次のとおりです。なお、規制される行為については許可制です。

1）木竹を損傷すること。2）木竹を植栽すること。3）家畜を放牧すること。4）屋外において物を集積し、又は貯蔵すること。5）火入れ又はたき火をすること。6）木竹以外の植物を採取し、若しくは損傷し、又は落葉若しくは落枝を採取すること。7）動物を捕獲し、若しくは殺傷し、又は動物の卵を採取し、若しくは損傷すること。8）道路及び広場以外の地域内において車馬若しくは動力船を使用し、又は航空機を着陸させること。9）前各号に掲げるもののほか、特別保護地区における景観の維持に影響を及ぼすおそれがある行為で政令で定めるもの。

②（○）適切。日本の国立公園は、土地所有にかかわらず公園を指定できる地域制自然公園制度を採用していて、多くの私有地が含まれています。そのため、日本では国立公園内に住んでいる人も多く、農林業などの産業も行われていることから、国立公園の管理は、人々のくらしや産業などとの調整をしながら進められています。一方、アメリカやオーストラリアなどでは、国立公園の土地すべてを公園専用としています。

③（×）不適切。海域公園地区は熱帯魚、サンゴ、海藻等の動植物によって特徴付けられる優れた海中の景観に加え、干潟、岩礁等の地形や、海鳥等の野生動物によって特徴付けられる優れた海上の景観を維持するための地区です。規制される行為については許可制ですので、申請が認められれば、動植物の採取が可能です。

④（○）適切。国立・国定公園の中で普通地域は、特別地域や海域公園地区に含まれない地域で、風景の保護を図る地域です。特別地域や海域公園地区と公園区域外との緩衝地域（バッファーゾーン）といえます。この普通地域では次の行為を行う場合、届け出る必要があります。

1）大規模な工作物の新築、改築、増築。2）特別地域内の河川、湖沼の水

位・水量の増減。3）広告物の設置等。4）水面の埋立等。5）鉱物や土石の採取（海域は除く）。6）土地の形状変更。7）海底の形状変更。

⑤（○）適切。利用調整地区は、国立・国定公園の中で、特に優れた風致景観を持つ地区で、利用者の増加によって自然生態系に悪影響が生じている場所において、利用者の人数等を調整することで自然生態系を保全し、持続的な利用を推進することを目的とする地区です。一般の観光客は入れませんが、研究目的等で認定または許可によって利用調整区域への立ち入りは可能です。

【解答】③

【キーワード】国立公園、国定公園、特別保護地区、海域公園地区、利用調整地区

Ⅲ－34

日本の自然公園制度に関する次の記述のうち、最も不適切なものはどれか。

① 海域公園地区は、優れた海中の景観だけではなく、海中・海上を含む海域の景観や生物多様性を維持するために指定され、干潟や岩礁等の海上部も区域に含まれる。

② 利用調整地区は、将来にわたって自然公園の風致景観を維持するとともに、適正な利用を推進するために指定される地区で、地区内に公園利用者が入る場合は市町村長（指定認定機関が指定されている場合は指定認定機関）の認定を受けなければならない。

③ 集団施設地区は、利用施設が漫然と公園の全区域に散在していたずらに自然の風景を損傷することを避けるとともに、施設の利用効果を上げるため各種の利用施設を有機的かつ総合的に一定地区に整備し、公園の適正な利用を増進するために指定される。

④ 生態系維持回復事業は、貴重な動植物を食害する動物の駆除や、他

地域から侵入して在来の動植物を駆逐する動植物の防除、生態系の維持回復状況のモニタリングなど、能動的な管理を行う事業である。

⑤ 風景地保護協定は、草原やツツジの群落など人為的な管理が必要な二次的な自然から構成される良好な風景地を保護するため、環境大臣、地方公共団体若しくは公園管理団体が土地所有者との間で風景地の保護のための協定を締結し、土地所有者に代わり風景地の管理を行う制度である。

（令和2年度出題）

【解説】

自然公園法からの出題です。

① （○）適切。同法22条 海域公園地区で規定されています。

② （×）不適切。同法23条利用調整地区で規定されています。"市町村長の認定"記述が誤りです。環境大臣は国立公園について、都道府県知事は国定公園について、当該公園の風致又は景観の維持とその適正な利用を図るため、特に必要があるときは、公園計画に基づいて、特別地域又は海域公園地区内に利用調整地区を指定することができます。

立入りについては同法24条で、定められた期間内の立ち入りについて、次のように規定されています。

"国立公園にあっては環境大臣の、国定公園にあっては都道府県知事の認定を受けなければならない。"

③ （○）適切。同法36条 集団施設地区で規定されています。

④ （○）適切。同法第5節 生態系維持回復事業で規定されています。

⑤ （○）適切。同法第6節 風景地保護協定で規定されています。

【解答】②

【キーワード】自然公園法、海域公園地区、利用調整地区、生態系維持回復事業、風景地保護協定

Ⅳ－35

　国立公園の特別地域内における各種行為は、自然公園法施行規則第 11 条に定める基準に適合しなければ許可されないが、同基準に示されている特別地域の風致維持のための一般的な措置に関する次の記述のうち、最も不適切なものはどれか。

① 　建築物や工作物は、公園の主要な展望地から利用者が眺望する方向にある山稜線を分断しない。

② 　分譲地の造成のための道路や上下水道施設の建設を行う場合、分譲地全体の面積が一定の値を超えず、かつすべての分譲区画が一定の面積以上を確保する計画とする。

③ 　建築物は、道路や敷地境界線から一定の距離以上離して建設し、特に、多くの利用者が通行するような公園利用上重要な道路からは十分な距離を確保する。

④ 　総建築面積（同一敷地内にあるすべての建築物の建築面積の合計）の敷地面積に対する割合が、一定の値を超えない。

⑤ 　車道の建設は、大規模な切土・盛土を伴う場合でも、橋りょうや桟道等の工作物を設置することをできる限り避け、のり面の緑化で対応する。

（平成 24 年度出題）

【解説】

　平成 24 年度の試験では、国立公園関係の設問が 2 題出題されました。極めて出題率の高い分野です。法律は難解ですが、環境省ウェブサイトで参考資料として「自然公園法施行規則第 11 条（基準部分）引用関係整理表」（https://www.env.go.jp/park/setonaikai/intro/files/kyoka_1.pdf）が公開されていますので、大筋を覚えておきましょう。

①（○）適切。法第11条第1項に詳しく記載されています。自然公園国立公園での工作物の新築、改築又は増築等にあたっては、風致維持の観点から、特別地域に限らず、次の点を満たさなければなりません。

- 当該建築物が主要な展望地から展望する場合の著しい妨げにならないものであること。
- 当該建築物が山稜線を分断する等眺望の対象に著しい支障を及ぼすものでないこと。
- 当該建築物の屋根及び壁面の色彩並びに形態がその周辺の風致又は景観と著しく不調和でないこと。

②（○）適切。法第11条第9項に詳しく記載されています。国立公園では、関連分譲地全体の面積は20haを超えてはならず、なおかつ1区画当たりの面積は1,000m²以上であることとされています。

③（○）適切。第11条第10項第4号に詳しく記載されています。工作物は、公園事業道路の路肩からは20m以上、それ以外の道路路肩からは5m以上離すことになっています。

④（○）適切。第11条第10項第2号に詳しく記載されています。総施設面積の敷地面積に対する割合は第2種特別地域では40％以下、第3種特別地域では60％以下であることと明記されています。

⑤（×）不適切。第11条第9項本文に記載されています。国立公園において車道等の建設では、線形を地形に順応させるか、橋梁や隧道を使用することにより、大規模な切土や盛土を伴わないように配慮する必要があります。

【解答】⑤

【キーワード】特別地域、自然公園法施行規則第11条

Ⅲ−34

日本の自然環境保全制度に関する次の記述のうち、最も不適切なものはどれか。

①　国立公園、国定公園、原生自然環境保全地域、自然環境保全地域、生息地等保護区及び国指定鳥獣保護区は、国が指定する保護地域である。

②　我が国の国立公園は、土地の所有権に関わらず一定の要件を有する地域を指定する、いわゆる地域制公園であるが、平成 28 年 3 月 31 日現在、実際の指定地域は国有地が 6 割以上を占めている。

③　原生自然環境保全地域及び自然環境保全地域は、政令で定める面積以上の土地であって、国又は地方公共団体が所有するものについてのみ指定できる。

④　生息地等保護区の区域内で国内希少野生動植物種の保存のために特に必要な区域を管理地区に、さらに管理地区の区域内で特にその保護を図る必要があると認められる場所を立入制限地区に指定できる。

⑤　鳥獣保護区は、環境大臣が指定する国指定鳥獣保護区と、都道府県知事が指定する都道府県指定鳥獣保護区の 2 種類があり、箇所数、指定面積ともに都道府県指定のものの方が大きい。

（平成 28 年度出題）

【解説】

平成 25 年度の出題「Ⅲ－32」が同一問題です。

保護地域に関する語句は、類似していますので、間違えないように覚えておきましょう。各保護地域の概要は以下のとおりです（指定個所数は平成 27 年 3 月時点のもの）。

1) 国立公園：全国で 34 カ所（令和 3 年現在）が指定されています。同一の風景型式中、我が国の景観を代表するとともに、世界的にも誇りうる傑出した自然の風景で、管理責任者は環境省です。

2) 国定公園：全国で 58 カ所（令和 3 年現在）が指定されています。国立公園の景観に準ずる傑出した自然の大風景で、管理責任者は都道府県です。

3) 原生自然環境保全地域：全国で 5 カ所が指定されています。人の活動の

影響を受けることなく原生の状態を維持している地域です（1,000ha 以上、島嶼は 300ha 以上）。

4）自然環境保全地域：次のいずれかの条件に当てはまる自然で、全国で 10 カ所が指定されています。

ア．高山・亜高山性植生（1,000ha 以上）または、すぐれた天然林（100ha 以上）

イ．特異な地形・地質・自然現象（10ha 以上）

ウ．優れた自然環境を維持している湖沼・海岸・湿原・河川・海域（10ha 以上）

エ．植物の自生地・野生動物の生息地のうち、ア〜ウと同程度の自然環境を有している地域（10ha 以上）

5）生息地等保護区：全国で 10 カ所（令和 3 年現在）が指定されています。国内希少野生動植物種に指定されている種のうち、その生息・生育環境の保全を図る必要があると認める場合に生息地等保護区として指定しています。

6）国指定鳥獣保護区：全国で 86 カ所（令和 3 年現在）が指定されています。環境大臣が指定する鳥獣保護区で、狩猟が認められないほか、特別保護地区内においては、一定の開発行為が規制されます。

①（○）適切。国指定の保護地域として、国立公園、国定公園、原生自然環境保全地域、自然環境保全地域、生息地等保護区、国指定鳥獣保護区があり、国以外では都道府県自然環境保全地域、都道府県立自然公園があります。そのほか、国際的な保護地域としてラムサール条約湿地、世界自然遺産があります。

②（○）適切。日本の国立公園は、全体で約 220 万 ha ありますが、国土面積に対する比率は 5.8 ％ほどです。その内訳は国有地が約 60 ％、公用地が約 13 ％、私有地が約 26 ％、所有区分不明が約 0.3 ％となっています。

③（×）不適切。原生自然環境保全地域や自然環境保全地域は、優れた自然環境を維持していることが大前提で、一定面積以上が必要という記述は間違っていません。しかし、原生自然環境保全地域は国公有地であることが条件ですが、自然環境保全地域は、この限りではありません。

④（○）適切。生息地等保護区は、その区域の中で特に重要な区域である管理地区と、それ以外の監視地区に区分されます。管理地区の区域のうち、指定種の個体の生息・生育のため特にその保護を図る必要があると認める場所を立入制限地区に指定することができます。

⑤（○）適切。国指定の鳥獣保護区が 86 カ所、面積にして約 59 万 ha に対して、都道府県指定は 3,639 カ所、面積で約 290 万 ha（令和元年現在）が指定されており、圧倒的に都道府県指定個所が多い状況です。

【解答】③

【キーワード】国立公園、国定公園、原生自然環境保全地域、自然環境保全地域、生息地等保護区及び国指定鳥獣保護区

Ⅲ－33

日本の自然環境関係法制度に関する次の記述のうち、最も不適切なものはどれか。

① 「カルタヘナ法」（平成 15 年法律第 97 号）に基づき、新規の遺伝子組換え生物等の環境中での使用等をしようとする者は事前に使用規程を定め、生物多様性影響評価書等を添付し、主務大臣の承認を受けなければならない。

② 「外来生物法」（平成 16 年法律第 78 号）において、生態系、人の生命、若しくは身体又は農林水産業に係る被害を及ぼし、又は及ぼすおそれがある外来生物として政令で定められた特定外来生物については、その飼養、輸入等が規制される。

③ 「エコツーリズム推進法」（平成 19 年法律第 105 号）に基づき、市町村長は旅行者等の活動によって損なわれるおそれのある自然観光資源を特定自然観光資源として指定し、各種行為を規制したり、その所在する区域への立入を制限することができる。

④ 「生物多様性基本法」（平成20年法律第58号）において、都道府県及び市町村は、生物多様性国家戦略を基本として、単独で又は共同して、生物多様性地域戦略を定めるよう努めなければならないと規定されている。

⑤ 「生物多様性地域連携促進法」（平成22年法律第72号）に基づき、環境省及び都道府県は、多様な主体が連携して生物多様性保全活動に取組むことを促進するため、地域連携保全活動計画を作成することができるとされている。

（令和元年度(再)出題）

【解説】

平成30年度の出題「Ⅲ-34」が類似問題です。

①（○）適切。遺伝子組み換え生物等による、生物多様性への悪影響を防止するために「遺伝子組換え生物等の使用等の規制による生物の多様性の確保に関する法律」が制定されました。通称「カルタヘナ法」といい、遺伝子組換え生物等を用いる際の規制措置を講じています。同法第2章に規定されています。

②（○）適切。外来生物法は、飼養、栽培、保管、運搬、輸入等の取扱いを規制しています（第4条ほか）。

③（○）適切。特定自然観光資源の指定、規制事項は、「エコツーリズム推進法」第8〜10条に規定されています。指定は市町村長が行います。

④（○）適切。生物多様性地域戦略では、次の事項について、定めます。

生物多様性基本法第13条2（抜粋）

一　生物多様性地域戦略の対象とする区域

二　当該区域内の生物の多様性の保全及び持続可能な利用に関する目標

三　当該区域内の生物の多様性の保全及び持続可能な利用に関し、総合的かつ計画的に講ずべき施策

四　前三号に掲げるもののほか、生物の多様性の保全及び持続可能な利用に関する施策を総合的かつ計画的に推進するために必要な事項

⑤（×）不適切。"環境省及び都道府県は～"の記述が誤りです。同法 4 条では次のように規定され、"市町村が作成することができる"とされています。

第四条　市町村は、単独で又は共同して、地域連携保全活動基本方針に基づき、当該市町村の区域における地域連携保全活動の促進に関する計画（以下「地域連携保全活動計画」という。）を作成することができる。

【解答】⑤

【キーワード】エコツーリズム、エコツーリズム推進法、生物多様性基本法、カタルヘナ法、外来生物法

2. 主要キーワードと解説

（1）生物、生態系

1）生物多様性条約

　正式名称を「生物の多様性に関する条約」といい、平成4年（1992年）に採択され、平成5年（1993年）12月に発効しました。日本は平成5年（1993年）5月に締結しました。

　この条約は、①生物多様性の保全、②生物多様性の構成要素の持続可能な利用、③遺伝資源の利用から生ずる利益の公正かつ衡平な配分を目的としています。

2）生物多様性条約第10回締約国会議（COP10）

　平成22年（2010年）10月に愛知県名古屋市で開催された生物多様性条約の第10回会議で、179の締約国、関連国際機関、NGOなどから1万3,000人以上が集まりました。

　同会議において、平成23年（2011年）以降の新たな世界目標としての「愛知目標（愛知ターゲット）」、遺伝資源の利用と利益の公正な配分（Access and Benefit Sharing；ABS）に関する国際的枠組を取り決めた「名古屋議定書」が採択されました。

3）名古屋議定書

　正式名称を「生物の多様性に関する条約の遺伝資源の取得の機会及びその利用から生ずる利益の公正かつ衡平な配分に関する名古屋議定書」といい、平成22年（2010年）の生物多様性条約第10回締約国会議（COP10）で採択され

ました。

遺伝資源の利用と利益の公正な配分（Access and Benefit Sharing：ABS）を達成するため、各締約国が具体的に実施すべき措置を規定しています。

4）ラムサール条約

正式名称を「特に水鳥の生息地として国際的に重要な湿地に関する条約」といい、昭和 46 年（1971 年）に採択され、昭和 50 年（1975 年）に発効しました。日本は昭和 55 年（1980 年）に加入しました。

湿地の保全及び賢明な利用促進のために各締約国がとるべき措置などについて規定しています。日本では、昭和 55 年（1980 年）に釧路湿原が国内最初のラムサール条約湿地に登録され、令和 3 年（2021 年）現在、53 カ所、約 15 万 5,000ha が条約湿地に登録されています。

5）干潟

干潮時に干上がり、満潮時には海面下に没する潮間帯において砂質または砂泥質の浅場が広がっている地形で、内湾や河口域に発達します。海域、河川と陸上の両方からさまざまな栄養物質が堆積し、潮の干満を繰り返すことで空気中の酸素が大量に海水中に溶け込むため、多様な微生物や底生動物が生息して、それを餌とする水鳥も数多く飛来します。

6）森林の減少

世界の森林面積は、約 39.9 億 ha で、全陸地面積の約 30 ％を占めています。しかし、世界の森林は減少を続けており、毎年 330 万 ha が減少しています（平成 22 年（2010 年）から平成 27 年（2015 年）までの平均）。

南アメリカ、アフリカなどの熱帯の森林を中心に、減少面積が特に大きくなっている一方、アジア、ヨーロッパを中心として森林面積の増加国も見られます。

（2）絶滅危惧

1）ワシントン条約

　正式名称を「絶滅のおそれのある野生動植物の種の国際取引に関する条約」といい、昭和48年（1973年）に採択され、昭和50年（1975年）に発効しました。日本は昭和55年（1980年）に加入しました。

　絶滅のおそれのある野生動植物の国際的な取引を規制する条約で、絶滅のおそれのある野生動植物を希少性に応じて3ランクに分類し、これらを条約の附属書I〜IIIに分けてリストアップして国際取引の禁止や制限を設けています。

2）絶滅のおそれのある野生動植物の種の保存に関する法律

　国内外の絶滅のおそれのある野生生物の保護を目的とする法律で、平成5年（1993年）4月に施行されました。「種の保存法」とも呼ばれます。

　同法に基づき、国内希少野生動植物として427種（令和4年（2022年）現在）を指定し、捕獲や譲り渡しなどを規制するとともに、生息地等保護区の指定や保護増殖事業などを行っています。

3）国内希少野生動植物種

　絶滅のおそれのある野生動植物の種の保存に関する法律に指定されている動植物種をいいます。

　主なものとしては、トキ、アマミノクロウサギ、イリオモテヤマネコ、ツシマヤマネコ、アホウドリ、タンチョウ、シマフクロウ、イヌワシ、北海道の希少海鳥（エトピリカ、ウミガラス、チシマウガラス）、ミヤコタナゴ、イタセンパラ、小笠原の希少植物（ムニンツツジなど）、沖縄県北部のやんばる地域のノグチゲラ、ヤンバルテナガコガネ、奄美の希少鳥類（オオトラツグミ、アマミヤマシギ）などがあります。

4）外来種

　ある地域から人為的（意図的または非意図的）に導入されることにより、本

来の分布域を越えて生息または生育することとなる生物種をいいます。外来種によって在来の自然環境や野生生物に深刻な悪影響を及ぼすケースが多く起きています。

5）特定外来生物

外来生物のうち、我が国に本来生息する生物等と性質が異なり、我が国の生態系などに影響や被害を及ぼし、または及ぼすおそれがあるものとして政令で定めています。個体（卵、種子その他）を含み、生きているものに限ります。「特定外来生物による生態系等に係る被害の防止に関する法律」によって、規定されています。

ブルーギル、ブラックバス（コクチバス、オオクチバスなど）は、湖沼の生態系に深刻な影響を及ぼしている代表例です。

6）生態系ネットワーク

野生生物が生息・生育するさまざまな空間（森林、農地、都市内緑地・水辺、河川、海、湿地・湿原・干潟・藻場・サンゴ礁など）がつながる生態系のネットワークのことで、エコロジカル・ネットワークとも呼ばれます。

（3）自然公園制度、自然環境保全制度

1）自然環境保全法

自然環境を保全することが特に必要な区域等の生物の多様性の確保やそのほかの自然環境の適正な保全に関する基本的事項を定めた法律で、昭和 47 年（1972 年）に制定されました。

同法に基づく保護地域には、国が指定する原生自然環境保全地域、自然環境保全地域と、都道府県が条例により指定する自然環境保全地域があります。

2）自然環境保全基礎調査

自然環境保全法第 4 条の規定に基づき、全国的な観点から日本の自然環境の

現況及び改変状況を把握し、自然環境保全の施策を推進するための基礎資料を整備する目的で、環境省が昭和48年度からおおむね5年ごとに実施している基礎調査です。緑の国勢調査とも呼ばれています。

3）自然環境保全地域

自然環境の保全を図るため、原生自然環境保全地域以外の区域で、高山性植生や亜高山性植生が相当部分を占める森林や草原、優れた天然林が相当部分を占める森林等であるなど、特に保全が必要な地域をいいます。環境大臣が「自然環境保全法」に基づき指定及び管理を行います。平成30年（2018年）4月現在、白神山地など10地域・2万2,542haが指定されています。

4）原生自然環境保全地域

人の手が加わっておらず、原生の状態が保たれている自然環境にあって、人の活動によって影響を受けることなく原生の状態を維持するために、当該自然環境を保全することが特に必要な地域をいいます。環境大臣が「自然環境保全法」に基づき指定及び管理を行います。

令和2年（2020年）現在、屋久島など5地域・5,631haが指定されています。

5）自然公園法

優れた自然の風景地を保護するとともに、その利用の増進を図ることにより、国民の保健、休養及び教化に資するとともに、生物の多様性の確保に寄与することを目的とする法律で、昭和32年（1957年）に制定されました。同法に基づき、自然公園が指定されます。自然公園法の前身は、昭和6年（1931年）に制定された国立公園法です。

平成22年（2010年）4月に施行された自然公園法の改正において、「生物の多様性の確保」が目的規定に追加されるとともに、国立公園及び国定公園内における生態系維持回復事業に関する規定が加えられ、海中の景観を維持するための「海中公園」が「海域公園」に改められました。近年は、公園計画におい

て、地域主体の自然体験アクティビティの促進、公園利用の拠点となる旅館街等の街並み整備（利用拠点整備改善計画）、国立公園のプロモーションの促進、野生動物の餌付け規制による人身被害等の予防など、自然体験活動や滞在環境の整備などが盛り込まれている。

6）自然公園

　自然公園法に基づいて指定される自然公園には、国立公園、国定公園、都道府県立自然公園があります。

　令和 3 年（2021 年）現在の自然公園の数と面積は、国立公園が 34 カ所・約 220 万 ha、国定公園が 58 カ所・約 148 万 ha、都道府県立自然公園が 311 カ所・約 193 万 ha で、これら自然公園の面積を合計すると国土面積の約 15 ％を占めています。

7）自然公園の特別保護地区

　国立公園、国定公園において、特に優れた「景観を維持」する必要があるときは、その区域内に特別保護地区を指定することができます。

　特別保護地区においては、木竹以外の植物を植栽すること、植物の種子をまくこと、動物を放つことなどが禁止されています。

8）景観法

　都市、農山漁村等における良好な景観の形成を図るため、良好な景観の形成に関する基本理念及び国等の責務を定めるとともに、景観計画の策定、景観計画区域、景観地区等における良好な景観の形成のための規制など、日本で初めての景観についての総合的な法律で、平成 17 年（2005 年）6 月に全面施行されました。

9）鳥獣保護法

　正式名称を「鳥獣の保護及び狩猟の適正化に関する法律」といい、鳥獣の保

護や狩猟の適正化を図ることを目的に、平成 15 年（2003 年）4 月に施行され
ました。

　鳥獣の保護を図るための事業の実施、鳥獣による生活環境、農林水産業や生
態系に係る被害の防止、猟具の使用に係る危険の予防に関する規定などが定め
られています。

10）森林生態系保護地域

　日本の森林帯を代表する原生的な天然林が相当程度まとまって存在する地域
を保存することによって、森林生態系からなる自然環境の維持、動植物の保護、
遺伝資源の保存、森林施業・管理技術の発展、学術研究などに資することを目
的として、「国有林野管理経営規程」に基づいて、森林管理局長が国有林野内
に設定して管理する地域をいいます。

11）都市緑地法

　都市において緑地を保全するとともに、緑化を推進することにより良好な都
市環境の形成を図り、健康で文化的な都市生活の確保に寄与することを目的と
した法律で、昭和 49 年（1974 年）1 月に施行されました。制定時の名称は都
市緑地保全法でしたが、平成 16 年（2004 年）の改正により都市緑地法に改称
されました。都市における緑地の保全や緑化の推進に関する制度が定められて
います。

12）環境影響評価（環境アセスメント）

　事業の実施が環境に及ぼす影響について環境の構成要素に係る項目ごとに調
査、予測及び評価を行うとともに、これらを行う過程においてその事業に係る
環境の保全のための措置を検討し、この措置が講じられた場合における環境影
響を総合的に評価することをいいます。

　環境影響評価は、環境影響評価法によって実施されます。

　環境影響評価法では、対象事業の指定、スクリーニングの規定、方法書・準

備書・評価書の手続などが定められています。

第 8 章

自然環境の再生・修復及び
自然とのふれあい推進

1. 問題と解説

（1）自然環境の再生・修復

Ⅲ－28

　ランドスケープの構造と機能に関する次の記述のうち、最も不適切なものはどれか。

① 　ランドスケープのモザイクを構成するエコトープ（ecotope）は、均質な性質をそなえた、図化できる最小の単位である。

② 　エコトープは、地質や地形などの非生物的な立地条件が均質な空間であるフィジオトープ（physiotope）と、主として植生によって作り出される均質空間であるバイオトープ（biotope）を重ね合わせたものである。

③ 　生物生息地の中で調査区の大きさを次第に広げて種数－面積曲線を描くと、面積の増加に対して種数は単調に増加する。

④ 　島嶼生物地理学の一般理論では、ある種がある島に到達する確率は、その島と種の供給源との距離に反比例し、その島の大きさに正比例すると考える。

⑤ 　2つの異質な環境の移行帯では、それぞれの生息環境を必要とする生き物だけでなく、両者を必要とする生き物も多く、生物多様性の保全には重要な揚所である。

（平成 25 年度出題）

【解説】

①（○）適切。ハーバード大学大学院の生態学者、Richard T.T. Forman 氏（1995）によると、エコトープは均質な図化できる最小単位であり、一般的な立地条件、潜在自然植生や生態系機能が均質で、異なる遷移段階や土地利用のパッチを含むものと定義しています。

②（○）適切。エコトープは、地質や地形、土壌や地下水の流れなどの非生物的な立地条件が比較的均質な空間（フィジオトープ）と植生及びそこに棲む生きもので作り出される生物空間（バイオトープ）を融合させたものといえます。

③（×）不適切。生息地の面積は、一般に広いほど多くの種が生息できるといわれていますが、単調に増加するわけではありません。ある自然空間の中で調査区の大きさを次第に広げて種類−面積曲線を描くと、面積の増加に対して種数は最初、急激に増加しますが、次第に頭打ちの傾向を示します。

④（○）適切。海に浮かぶ離島に存在する生物種数は、種の供給源からの種の移入確率と島における絶滅確率の収支で決まり、大陸からの距離が近いほど移入しやすく、島の面積が大きいほど絶滅しにくいとされています。このモデルは、海を都市に置き換え、さらに島を孤立緑地に置き換えて考えることができます。

⑤（○）適切。河岸の水中から陸上にかけて移行帯（推移帯）は、さまざまな自然環境が入り混じり、エコトーンと呼ばれています。本来、水辺は動植物の密度が高い空間を形成しています。エコトーンには、水域または陸域それぞれの生息環境のみを必要とする生物だけではなく、両者を利用して行き来する種も多く、水辺の生物多様性の保全には重要な場所といえます。

（①〜⑤の参考文献：『生態工学』（亀山章編）、森本幸裕、生息環境・生息地、pp.47、48、54、朝倉書店、2002 年）

【解答】 ③

【キーワード】 ランドスケープ、エコトープ、フィジオトープ、バイオトープ、エコトーン（移行帯）

Ⅲ－30

ランドスケープの構造と生物分布に関する次の記述のうち、最も不適切なものはどれか。

① マッカーサーとウィルソンが提唱した島の生物群集に関する種数平衡モデルは、孤立・分断化が進む陸域の生物群集にもしばしば適用されてきた。

② 都市近郊で孤立化・小面積化が進んだ樹林地では、一般にエッジ効果や種子供給源の阻害などにより、種組成や群落構造が影響を受ける傾向がある。

③ コリドーの整備は、生態系ネットワーク形成の有効な方法とされるが、一方で捕食圧の増加など、負の影響を及ぼす可能性も指摘されている。

④ ランドスケープのモザイクを構成するエコトープは、地質や土壌、地形などの非生物的な要素と、植生で代表される生物的要素を重ね合わせ、さらに人間による土地利用を考慮したものである。

⑤ 隣接する異質な環境の境界付近における移行帯はエコトーンと呼ばれ、それぞれの構成種の生態的最適環境に空白が生じることにより、生物多様性が低くなることがある。

(令和元年度(再)出題)

【解説】

平成23年度の出題「Ⅳ－29」が類似問題です。

① (○) 適切。マッカーサーとウィルソンによる種数平衡モデルは、島の例のみならず孤立分断化の進む陸域の生物群集にも適用されてきました。一般論として生物の生息域の面積が大きくなると、そこに生息する生物種も多くなる傾向があり、このことは島の生物地理学の原理としてよく知られています。

②（○）適切。森林の分断化と孤立化は、生育面積の減少のみでなく、自然環境も劣化させます。森林の周縁部（エッジ）は、一般に日当りが良くマント群落と呼ばれる低木帯となり、多くの植物が開花結実します。このため、森林の孤立化、小面積化はエッジ部分が減少し、植物の種組成や群落構造に対して影響を与えます。

③（○）適切。コリドーの整備は、生態系ネットワークの形成に有効な方法とされていますが、相対的に狭い場所のため、被食者と捕食者の遭遇の機会が増え、負の影響も指摘されています。

④（○）適切。エコトープは、地質や地形、土壌や地下水の流れなどの非生物的な立地条件が比較的均質な空間（フィジオトープ）と植生及びそこに棲む生きもので作り出される生物空間（バイオトープ）を融合させたものといえます。

⑤（×）不適切。"生物多様性が低くなることがある"の記述が誤りです。環境の移行帯（エコトーン）は、異なる環境のそれぞれの構成種が混じり合うことや、多様な生物が利用しやすい場所であることから、生物多様性は一般的には高くなります。

参考文献：『生態工学』（亀山章編）、森本幸裕、日置佳之、生息環境・生息地、朝倉書店、2002 年

【解答】⑤

【キーワード】ランドスケープ、エコトープ、エコトーン、エッジ効果、捕食圧

IV-30

我が国で用いられているミティゲーションに関する次の記述のうち、最も不適切なものはどれか。

① 回避とは、行為を実行しないことにより影響を回避することであり、

自然性の高い地域では最良の方法とされる。

② 最小化とは、行為の実施の程度や規模を制限することにより影響を最小化することであり、例として、造成面積の縮小や道路の地下化などがある。

③ 修復とは、影響を受けた環境の再生により影響を修復することであり、極相群落や亜寒帯以北の寒冷地域で、より効果が高いとされる。

④ 軽減とは、ある行為の実施期間中、環境を保護・維持管理することで影響を軽減することであり、例として、けもの道などの補完設備の設置などがある。

⑤ 代償とは、代替の資源や環境を提供することにより影響を代償することであり、干潟を埋め立てる際、消失する干潟の近傍に人工干潟を造成するのはこの例である。

(平成 24 年度出題)

【解説】

平成 22 年度の出題「Ⅳ-22」が類似問題です。

① (○) 適切。回避：行為 (環境影響要因となる事業行為) の全体または一部を実行しないことで、影響を回避する (発生させない) ことです。重大な影響が予測される環境要素から影響要因を遠ざけ、影響を発生させないことも回避とされています。

具体的には事業の中止、事業内容の変更 (一部中止)、事業実施区域やルートの変更などがあります。これは影響要因、またはそれによる景観、ふれあい活動の場への影響を発現させない措置とされています。

② (○) 適切。最小化は行為の実施の程度、または規模を制限することで、影響を最小化することとし、影響を受けた環境の修復、再生または回復は影響を修正することとしています。軽減／消失は行為期間中、環境保護及び維持管理により、時間を経て生じる影響を軽減または消失させることとされています。何らかの手段により、影響要因または影響の発現を最小限に抑えること、また

は発現した影響を何らかの手段で修復する措置としています。

③（×）不適切。修復（修正）とは影響を受けた環境を修復、再生、回復することで、影響を修復することではありません。極相群落や寒冷地域では、植生の生育速度が遅いことから、修復の効果は得られにくいといえます。

④（○）適切。軽減とは「回避」、「最小化」、「修復（修正）」、「軽減」、「代償」といった環境保全措置（ミティゲーション）の1つで、事業による自然環境への影響を可能な限り減らすように配慮することをいいます。

⑤（○）適切。損なわれる環境要素と同種の環境要素を創出し、自然環境の価値を代償する措置です。

このことは、消失または影響を受ける環境（動植物、生態系、景観、ふれあい活動の場等）に見合う価値や機能を新たに創出し、全体の影響を緩和させる措置といえます。

［①～⑤の参考文献及び図の出典：環境省ウェブサイト『自然との触れ合い分野の環境影響評価技術検討会中間報告書』「自然との触れ合い分野の環境影響評価技術（Ⅲ）環境保全措置・評価・事後調査の進め方について（平成13年9月）」（http://assess.env.go.jp/files/0_db/seika/4741_01/3/souron_2.html）「第1章　総論」2. 環境保全措置］

【解答】③

【キーワード】ミティゲーション、回避、最小化、修復、軽減、代償

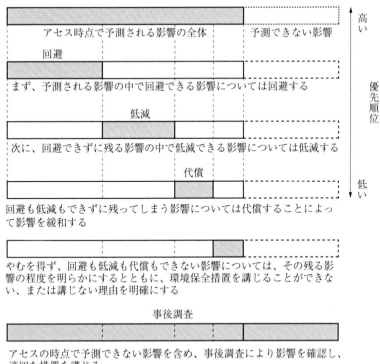

環境保全措置の優先順位と残る影響、事後調査の関係

Ⅲ－29

生態系ネットワーク（エコロジカルネットワーク）に関する次の記述の
うち、最も不適切なものはどれか。

① 1944年の英国のグレーター・ロンドン・プランにおいて、生態系
　ネットワークの形成を目的にロンドン市周囲にグリーンベルトが設定
　された。

② コアエリア（核心地域）とは、貴重な生物の生息地や採餌場所など、
　生態的に重要な地域であり、人間活動の影響を極力排除すべきである。

③　バッファーゾーン（緩衝地帯）は、コアエリアを取り囲んで人間活動の影響などを緩和するための地域区分の１つで、そこでは自然性を損なわないような研究・教育やレクリエーションなどはある程度許容される。

④　コリドーは、線状の構造及び、そのような空間の持つ生態学的機能の両者を意味する場合があるが、両者が等価であるかについては、懐疑派と支持派がある。

⑤　林野庁は国有林において希少な野生生物の生育・生息地などを保護・管理する保護林を中心にネットワークを形成する「緑の回廊」の設定を進めている。

（令和２年度出題）

【解説】

平成 20 年度の出題「Ⅳ-28」が類似問題です。

①（×）不適切。"生態系ネットワークの形成を目的に"の記述が誤りです。グリーンベルトは、郊外地帯の人口の過密の抑制、開発の抑制のために設けられました。

②（○）適切。コアエリアとは、現状で生物の重要な生息地となる森林、草原、湿地、湖沼などで特に繁殖地や営巣地が含まれることがあります。ここでは、生息地の機能保護と強化が図られ、それに影響を与える開発は規制することとされています（参考文献：『生態工学』（亀山章編）、日置佳之、生態ネットワークの計画、pp.143〜144、朝倉書店、2002 年）。

③（○）適切。自然生態系の保全には人間活動による影響緩和のため、距離や緩衝帯（バッファーゾーン）の設置が有効とされています。湿原保護の例では、尾瀬や知床の木道整備や施設によるバッファーゾーンもみられます（参考文献：『生態工学』（亀山章編）、日置佳之、システムの構築、pp.123〜124、朝倉書店、2002 年）。

④（○）適切。国土交通省ウェブサイト「効果的・効率的なエコロジカル・

ネットワーク形成手法に関する調査報告書（平成 21 年 3 月）」（https://www.mlit.go.jp/common/000221064.pdf）ではコリドーに関する負の側面も指摘していますので、参照してください。

⑤（○）適切。緑の回廊は、保護林制度拡充のために指定され、保護林同士のネットワークや野生動植物の移動経路（コリドー）の確保なども狙いとされます。緑の回廊率とは、回廊面積が国有林に占める割合としています。環境省ウェブサイト「生物多様性の保全及び持続可能な利用に関する取組」重点検討項目②に係る報告（http://www.env.go.jp/council/12nature/y120-23/mat01_3-1.pdf）を参照してください

【解答】①

【キーワード】エコロジカル・ネットワーク、コアエリア、コリドー、バッファーゾーン

（2）自然とのふれあい推進

Ⅲ－27

　自然再生推進法に基づき定められた自然再生基本方針に関する次の記述のうち、最も不適切なものはどれか。

① 　自然再生基本方針は、自然再生に関する施策を総合的に推進するために定められるもので、2003 年に初めて決定されて以降、おおむね 5 年ごとに見直すこととされている。

② 　2019 年に実施された最新の見直しでは、従前の自然再生基本方針で自然再生の推進に関する重要事項として位置づけられていた「小さな自然再生の推進」が削除され、新たに「広域的な視点に基づく取組の推進」が打ち出された。

③ 　自然再生基本方針では、災害リスクの低減に寄与する生態系の機能を評価し、積極的に保全・再生することで、生態系を活用した防災・

減災（Eco-DRR）に取り組むことの重要性が述べられている。

④　自然再生基本方針では、自然再生事業の実施中のみならず、事業が完了した後も継続的なモニタリングを行うことの必要性が謳われている。

⑤　自然再生事業の実施者に作成が求められる自然再生事業実施計画の基本的事項は、自然再生基本方針において規定されている。

（令和2年度出題）

【解説】

①（○）適切。自然再生推進法7条5で自然再生事業の実施状況を踏まえ、おおむね5年ごとに見直すことと規定されています。

②（×）不適切。"小さな自然再生の推進"は削除されていません。「自然再生基本方針」については、環境省ウェブサイト（https://www.env.go.jp/nature/saisei/law-saisei/hoshin.html）で確認できます。同基本方針「5　その他自然再生の推進に関する重要事項」での見直しは次のようになっています。

第2回見直し　平成26年11月（2014年）	第3回見直し　令和元年12月（2019年）
(1)　自然再生推進会議・自然再生専門家会議	ア　地域循環共生圏の構築の取組
(2)　調査研究の推進	イ　地域の産業と連携した取組
(3)　情報の収集と提供	ウ　SDGs達成に向けた取組
(4)　普及啓発	エ　気候変動対策の取組
(5)　協議会の支援	オ　東日本大震災等自然災害の経験を踏まえた自然再生
(6)　全国的、広域的な視点に基づく取組の推進	カ　生態系ネットワークの形成
(7)　小さな自然再生の推進	キ　自然再生における希少種の保全及び外来種対策
	ク　全国的、広域的な視点に基づく取組の推進
	ケ　小さな自然再生の推進

③（○）適切。同基本方針「5　その他自然再生の推進に関する重要事項」(2) オ "東日本大震災等自然災害の経験を踏まえた自然再生" で "生態系を活用した防災・減災（Eco-DRR）" について述べています。

④（○）適切。同基本方針「１　自然再生の推進に関する基本的方向」(2)
カ "自然再生後の自然環境の扱い" で "事業完了後の継続的なモニタリングの
実施" について述べています。

⑤（○）適切。自然再生推進法７条２に規定されています。

【解答】②

【キーワード】自然再生推進法、自然再生基本方針、生態系を活用した防災・
減災（Eco-DRR）

Ⅲ－25

「生態系を活用した防災・減災に関する考え方」（環境省自然環境局、
2016 年 2 月）に関する次の記述のうち、最も不適切なものはどれか。

① 我が国では、災害の教訓を活かし、地域の生態系を保全しながら活
用することで災害を防いできた事例などは古くから見られ、生態系を
基盤として防災・減災を考えることは新しい概念ではない。

② 生態系を活用した防災・減災は、生物多様性の保全にも資する多様
な生態系サービスを発揮しうる多義的空間を維持・創出するところに
利点がある。

③ 防災・減災機能を発揮させるためには適切な管理が重要であるが、
これは平時の生態系サービスの発揮にも寄与する。

④ 生態系を活用した防災・減災と人工構造物による防災対策は、同時
に併用することが難しいため、地域の特性に応じて適切に使い分ける
ことが重要である。

⑤ 生態系を活用した防災・減災は、地域の多様なステークホルダーの
参画により、総合的な地域づくりの視点で検討することが必要である。

（令和３年度出題）

【解説】

「生態系を活用した防災・減災（Ecosystem-based disaster risk reduction；Eco-DRR）の考え方」については、環境省ウェブサイト（https://www.env.go.jp/nature/biodic/eco-drr.html）に掲載されています。

①（○）適切。「1.5　わが国の防災・減災における生態系活用の歴史」で同様に述べられています。

②（○）適切。「3.1.2　生態系を活用した防災・減災の特徴」で同様に述べられています。

③（○）適切。「3.2.5　平時に多様な生態系サービスを発揮」で同様に述べられています。

④（×）不適切。"～同時に併用することが難しい～"の記述が誤りです。「3.1.2　生態系を活用した防災・減災の特徴」で次のように述べられています。

> 生態系を活用した防災・減災と人工構造物による防災対策は相反するものではなく、地域の特性に応じて最適に組み合わせて用いることが重要である。

⑤（○）適切。「3.1.1　生態系を活用した防災・減災の概念」で同様に述べられています。

【解答】④

【キーワード】生態系を活用した防災・減災、Ecosystem-based disaster risk reduction；Eco-DRR

Ⅳ−33

エコツーリズムに関する次の記述のうち、最も不適切なものはどれか。

①　エコツーリズムは、もともと途上国の支援の一環として、自然を保護しつつ持続的に生活を営む方策の提案として始まったものである。

②　「エコツーリズム推進法」において、自然環境の保全、観光振興、地域振興、環境教育の場としての活用の4つがエコツーリズムの基本

　　理念とされている。

③　「エコツーリズム推進法」に基づき、市町村長は旅行者等の活動に
　　よって損なわれるおそれのある自然観光資源を指定し、各種行為を規
　　制したり、その所在する区域への立入を規制することができる。

④　エコツーリズムは、原生的な自然環境を有する地域や希少な野生動
　　植物が生息生育する地域に限って行われるものである。

⑤　エコツーリズムは、旅行者が自然観光資源に関し知識を有する者か
　　ら案内や助言を受け、自然観光資源とふれあい、知識や理解を深める
　　活動の実施によって推進される。

（平成 24 年度出題）

【解説】

　平成 26 年度の出題「Ⅲ - 35」が類似問題です。

　①（○）適切。エコツーリズムは、途上国支援の一環として開発中心の産業
からの転換を促し、地域住民が主体になって自然を保護しつつ、持続的に生活
を営む方策の提案として始まりました。その後、持続的な観光振興を目指す概
念として論じられてきました。

　②（○）適切。エコツーリズム推進法に定める 4 つの基本理念は、「自然環
境の保全」、「観光振興」、「地域振興」、「環境教育の場としての活用」とされて
います。

　③（○）適切。自然観光資源のうち、観光旅行者やその他の活動で損なわれ
るおそれがあり、法的保護の措置を講ずる必要があるものを特定自然観光資源
に指定できます。市町村長は、協議会作成の全体構想が国に認定された場合、
その構想に従い、特定自然観光資源の指定が可能です。また立入制限による利
用調整や貴重動植物の保護育成措置なども講じる必要があります。

　④（×）不適切。エコツーリズムは、「自然環境の保全と自然体験による効
果」、「地域固有の魅力を見直す効果」、「活力ある持続的な地域づくりの効果」
など、これらの効果が相互に影響し合い、環境保全と経済への好循環が期待さ

れています。

⑤（〇）適切。エコツーリズム推進の基本的方向は、観光旅行者などに対しては、ガイド、地域住民、観光事業者、ボランティアなどの関与・協力が不可欠となります。エコツーリズムは持続的な事業として成立するほか、地域の自然資源に触れることで新たな経済的仕組みが生まれ、自然環境保全の意識・意欲の喚起につながります。

［①〜⑤の参考文献：環境省ウェブサイト「エコツーリズム推進基本方針に対する提言（平成20年3月5日　エコツーリズム推進に関する基本方針検討会）」（https://www.env.go.jp/nature/ecotourism/kento/teigen_h2003.pdf）］

【解答】④

【キーワード】エコツーリズム推進法

Ⅳ－32

里地里山に関する次の記述のうち、最も不適切なものはどれか。

① 里地里山は、二次林を中心に水田等の農耕地、ため池、草地などで構成され、国土の約5割を占める。

② 里地里山は、固有種を含む多くの野生生物を育む地域となっており、全国の希少種の集中分布地域の約5割が里地里山の範囲に分布している。

③ 里地里山は、第一次産業の場であると同時に、都市近郊においては都市住民の身近な自然とのふれあいの場、環境学習のフィールドとしても重要である。

④ 里地里山を中心に、シカ、サル、イノシシなどの中・大型哺乳類の個体数や分布域が著しく増加、拡大し、深刻な農林業被害や生態系への影響が発生している。

⑤ 都市緑地法や自然公園法においては、管理が行き届かなくなった里

地里山に関して、NPO 等の多様な主体が土地所有者と管理協定を結んで、管理を行うことができる制度を設けている。

（平成 24 年度出題）

【解説】

　環境省ウェブサイト『里地里山パンフレット』（http://www.env.go.jp/nature/satoyama/pamph/all.pdf）が参考になります。

　①（×）不適切。里地里山は集落を取り巻く農地、ため池、二次林と人工林、草原などで構成される地域で、これらは、我が国の国土の約 4 割を占めています。

　②（○）適切。全国の希少種の集中分布地域の 5 割以上が里地里山にあたります。その他、多くの絶滅危惧種や地域固有種等が里地里山に生息・生育しています。また身近な自然とのふれあいの場、環境学習のフィールドとしても重要な役割を担っています。

　③（○）適切。上記②の【解説】を参照してください。

　④（○）適切。人による自然への関与の失われることによる影響は、サル、イノシシ、シカなどの野生鳥獣にも現れています。

　奥山の自然地域と里地里山地域との境界域、奥山の自然地域に生息する、これらの中・大型哺乳類は生息分布域を拡大しています。1970 年代以降、耕作放棄地の拡大は草や灌木等の繁茂を招き、イノシシの隠れ場を拡大させました。併せて、里山での人間活動の低下によって、森林から耕作放棄地へとイノシシの移動に適した状況になっています。イノシシなどの生息分布域の拡大は、温暖化による積雪量の減少など、気候的要因などが重なったことも考えられています（環境省『環境白書』）。

　東京電力福島第一原発事故の避難指示区域などでは、原発事故の影響で農業の縮小と狩猟者数減少の結果、イノシシやハクビシンなどの鳥獣が出没し、福島県の推計によると、生息数は事故前の 1.4 倍に増加しています。2013 年度では鳥獣に占めるイノシシの被害は 50 ％に達しています（読売新聞 2015 年 3 月 7 日夕刊記事「被災地イノシシ苦慮」）。

⑤（○）適切。荒廃する里地里山の保全には、管理の担い手の確保や土地利用の転換の防止が必要になります。それには、多様な主体による管理者との協定締結が有効です。例えば、市民・NPO の参画（管理協定、市民ボランティア、オーナー制度など）のほか、土地の買上げ、ナショナルトラストなどがあげられます。

【解答】①

【キーワード】里地里山、二次林、希少種

Ⅲ－25

里地里山に関する次の記述のうち、最も不適切なものはどれか。

① 里地里山は、集落を取り巻く二次林と農地、ため池、草原などで構成されるが、開発や放棄により、その面積は国土の２割まで減少した。

② 近年、里地里山における人間活動の低下や耕作放棄地の増加、狩猟者の減少、少雪化による生息適地の拡大などに伴い、イノシシ、サルなどによる農作物被害が深刻化している。

③ 「都市緑地法」には、地方公共団体等が特別緑地保全地区等の土地所有者と協定を結ぶことにより、土地所有者に代わって、特別緑地保全地区等の緑地の管理を行う制度がある。

④ 渡り性水鳥の越冬地となっている水田地帯では、稲刈りが終わった水田に冬期も水を張る冬期湛水が、水鳥の餌場対策として行われている。

⑤ 草地のほとんどは、放牧や採草などの目的を持って人為的に管理することにより、特有の自然環境が形成・維持されており、生態系の保全、遺伝資源の保全、野生生物保護など生物多様性保全機能を有している。

（平成 25 年度出題）

【解説】

①（×）不適切。里地里山は集落を取り巻く農地、ため池、二次林と人工林、草原などで構成される地域であり、我が国の国土の約4割を占めています。農業の近代化などで二次林は手入れや利用がなされず放置される個所も見られ、二次草原は大幅減少、昭和50年代頃からは耕作放棄地も増加しています。環境省ウェブサイト『里地里山保全活用行動計画〜自然と共に生きる にぎわいの里づくり（平成22年9月15日）』(https://www.env.go.jp/nature/satoyama/keikaku/1-1_keikaku.pdf) 参照。

②（○）適切。狩猟は趣味や資源利用だけでなく、鳥獣の個体数調整の手段として、鳥獣被害の未然防止に資する役割を果たしています。全国的に狩猟者の減少や高齢化が顕著となり、狩猟者の育成・確保、地域の取組み及び隣接地域との連携を図る必要があります。また、猟具使用による危険の予防、狩猟の適正化を図ることも求められています。

イノシシ、ニホンジカ、ニホンザル等の大型哺乳類の生息分布は拡大傾向にあり、鳥獣による生態系、生活環境、農林水産業等への被害が一層深刻な状況にあります。環境省ウェブサイト『鳥獣の保護及び管理を図るための事業を実施するための基本的な指針（平成29年）』(https://www.env.go.jp/nature/choju/plan/pdf/plan1-1b-H29.pdf) 参照。

③（○）適切。都市緑地法の緑地保全地域内又は特別緑地保全地区内の緑地においては、建築物の新築等の行為について規制が行われますが、樹林地の手入れが不十分であるなど、緑地の機能が十分に発揮されないため、緑地の荒廃や喪失が発生し、緑地の適正な保全を十分に図ることができない場合が想定されます。

管理協定制度は、地方公共団体又は法第68条第1項の規定に基づく緑地管理機構が、緑地保全地域内又は特別緑地保全地区内の緑地について土地所有者等による管理が不十分であると認められる場合、土地所有者等との間で緑地の管理のための協定（管理協定）を締結し、当該土地所有者等に代わり緑地の保全及び管理を行う制度です。国土交通省ウェブサイト『都市緑地法運用指針

（平成 25 年改正を含む）』（https://www.mlit.go.jp/crd/park/joho/houritsu/pdf/H250401toshiryokuchi-shishin.pdf）参照。

④（○）適切。ラムサール条約湿地である、宮城県北部の登米市・栗原市に広がる伊豆沼・内沼及び大崎市蕪栗沼の周辺では、稲刈りが終わった水田に、冬期に水を張って管理する「ふゆみずたんぼ」の取組みが行われています。「ふゆみずたんぼ」は農薬や化学物質を使用しないため、環境にやさしい農法として実施されています。

翌春は耕起、代掻をしないで植付けが可能になるほか、冬の期間田んぼに水をたたえつづけることから、田植え時期の集中取水の防止により、水資源の有効活用に役立っています。また渡り鳥の越冬地として、この地域では冬の期間、田んぼに水をたたえています。その結果、この地を訪れる多くの渡り鳥たちにねぐらを与え、その渡り鳥たちの糞が微生物の繁殖を促し、水田の生物多様性の推進に重要な役割を果たしています（平成 26 年度版『環境白書』）。

⑤（○）適切。熊本県の阿蘇地方は高冷地農業と肉用牛の生産基地です。阿蘇の野草地はハナシノブ、ヒゴタイ、ツクシマツモトなどの固有植物が生息し、草原特有の野鳥、昆虫等の生態系も維持しています。

近年は、畜産業の低迷、畜産従事者の高齢化などで、草原の管理が困難となり、景観維持、貴重生物の生息環境が危機に瀕していることから、対策が急務となっています。環境省ウェブサイト「環境省自然再生プロジェクト、阿蘇草原再生」国立公園内草原景観維持モデル事業（https://www.aso-sougen.com/program/e_02.html）参照。

【解答】①

【キーワード】里地里山、都市緑地法

Ⅳ-34

我が国の世界遺産に関する次の記述のうち、最も不適切なものはどれか。

① 世界遺産には文化遺産、自然遺産及び文化遺産と自然遺産の両方の価値を有する複合遺産があるが、我が国には複合遺産はない。

② 各種の法律や制度により世界自然遺産の管理が行われており、世界自然遺産に限定された特別の法制度はない。

③ 各自然遺産を適正かつ円滑に管理するため、関係行政機関等から成る「地域連絡会議」が設置されている。

④ 現在、我が国の世界遺産暫定一覧表（暫定リスト）に自然遺産として記載されている物件はない。

⑤ 我が国の自然遺産は屋久島、白神山地、知床及び小笠原諸島の4か所であり、いずれも国立公園に指定されている。

（平成24年度出題）

【解説】

①（○）適切。我が国の世界遺産は、令和3年7月現在、自然遺産は計5地域、文化遺産は計20地域となっています。複合遺産の登録はありません。

②（○）適切。世界自然遺産の保全のための特別な法制度はありませんが、現在登録されている地域を保全する制度としては、原生自然環境保全地域及び自然環境保全地域（自然環境法）、自然公園（自然公園法）、森林生態系保護地域（国有林野管理経営規定）、天然記念物及び特別天然記念物（文化財保護法）があります。

③（○）適切。世界自然遺産は遺産地域ごとに関係省庁、地方公共団体、地域関係者による地域連絡会議と専門家による科学委員会を設置し、関係者の連携で保全管理が実施されています（平成25年度版『環境白書』）。

④（○）適切。令和4年3月において我が国の自然遺産として世界遺産の暫定一覧表（各締約国が将来世界遺産一覧表に登録する計画のある物件の一覧表）に記載されている案件は存在しません。

⑤（×）不適切。「屋久島」は屋久島国立公園、「知床」は知床国立公園、「小笠原諸島」は小笠原国立公園に指定されています。一方、「白神山地」は白神

自然環境保全地域及び津軽国定公園に指定されていますが、国立公園ではありません。さらに、令和3年7月において、「奄美大島、徳之島、沖縄島北部及び西表島」が自然遺産として新たに世界遺産に登録され、これらは国立公園の指定も受けています。

【解答】⑤

【キーワード】文化遺産、自然遺産、日本の自然遺産、日本の文化遺産

2. 主要キーワードと解説

（1）自然環境の再生・修復

1）自然再生推進法

　自然再生についての基本理念を定め、実施者等の責務を明らかにするとともに、自然再生基本方針の策定その他の自然再生を推進するために必要な事項を定めることにより、自然環境の保全、再生、創出等に関する施策を総合的に推進するための法律で、平成 14 年（2002 年）12 月に制定されました。

2）ミティゲーション

　自然環境に対する開発の影響を緩和する環境保全措置のことで、回避（行為を実行しない）、最小化（行為の規模を制限する）、修復回復（修復回復によって行為の影響を取り除く）、軽減（保護やメンテナンスによって行為の影響を軽減する）、代償（代替資源や環境を提供することによって影響を埋め合わせる）といった手段を用いて環境への影響を少なくします。　環境影響評価法では、事業による環境影響が極めて小さいと判断される場合を除いて、環境の保全目標を達成するために、環境保全措置（ミティゲーション）を検討することとされています。

3）ランドスケープ

　区域や地域、水路や植生などによって構成する要素で景観や環境、風景などを広く指します。

4）エコトープ

生物的、非生物的の両方の側面を考慮して区分されている空間の単位をいいます。つまり、生物的空間（バイオトープ）と非生物的空間（フィジオトープ）を重ね合わせた空間の単位をいいます。

5）フィジオトープ

地質や地形、水、土壌など生物以外の単位をいいます。

6）バイオトープ

植生や動物など動植物による区分の単位をいいます。

7）エコトーン（移行帯）

水域や陸域などの異なる空間の接点をいいます。干潟など水没エリアと陸地エリアの境界ではさまざまな動植物が生息します。

（2）自然とのふれあい推進

1）エコツーリズム

地域ぐるみで自然環境や歴史文化など、地域固有の魅力を観光客に伝えることにより、その価値や大切さが理解され、保全につながっていくことを目指していく仕組みです。

平成19年（2008年）4月に「エコツーリズム推進法」が施行され、適切なエコツーリズムを推進するための総合的な枠組みを定めています。

2）エコツーリズム推進法

エコツーリズムを推進するための基本理念、政府による基本方針の策定、特定自然観光資源の保護に関する措置などを定めた法律で、平成20年（2008年）4月に施行されました。

エコツーリズムを通じて、自然環境の保全、観光振興、地域振興、環境教育

の推進を図るものです。

3）里地里山

　奥山自然地域と都市地域の中間に位置し、さまざまな人間の働きかけを通じて環境が形成されてきた地域であり、集落を取り巻く二次林と、それらの混在する人工林、農地、ため池、草原などで構成される地域概念をいいます。全国の希少種の集中分布地域の5割以上が里地里山の範囲に分布し、環境省では全国で500カ所を生物多様性保全上、重要な里地里山（重要里地里山）として選定しています。

4）世界遺産条約

　正式名称を「世界の文化遺産及び自然遺産の保護に関する条約」といい、文化遺産及び自然遺産を人類全体のための世界の遺産として損傷、破壊などの脅威から保護し、保存するための国際的な協力や援助の体制を確立することを目的としています。昭和47年（1972年）にユネスコ総会で採択され、昭和50年（1975年）に発効されました。

　世界遺産リストの第1号として、米国のイエローストーンやエクアドルのガラパゴス諸島など12件（自然遺産4、文化遺産8）が登録されました。

　日本は平成4年（1992年）に発効し、平成5年（1993年）に屋久島と白神山地、平成17年（2005年）に知床、平成23年（2011年）に小笠原諸島が世界自然遺産のリストに登録されました。

〈編著者　技術戦略ネットワーク〉
　中部地区を中心に活躍する技術士で構成された技術ネットワーク

〈執筆者〉
● 鈴木　剛
　　　　技術士（総合技術監理部門、建設部門）、労働安全コンサルタント
　　　　ISO14001 環境マネジメントシステム主任審査員
　　　　ISO9001 品質マネジメントシステム主任審査員
　　　　労働安全衛生マネジメントシステム主任審査員
　　　　株式会社恵南技術サービス　代表取締役

● 中西元志
　　　　技術士（環境部門-環境測定）、環境計量士
　　　　株式会社テイコク　環境部

● 楠　豊 （ペンネーム）
　　　　技術士（環境部門、建設部門）
　　　　総合建設会社勤務

● 河合和幸
　　　　技術士（建設部門-建設環境）、一級ビオトープ施工管理士、博士（農学）

● 幡野貴之
　　　　技術士（建設部門）、博士（環境学）、環境計量士（濃度関係、騒音振動関係）、
　　　　環境省登録環境カウンセラー（事業者部門）

技術士第一次試験

「環境部門」専門科目 問題と対策　第4版　　NDC 507.3

| 2022 年　5 月 17 日　初版 1 刷発行 |
| 2023 年　9 月 29 日　初版 2 刷発行 |

（定価は，カバーに
表示してあります）

　　　　　Ⓒ　編著者　　技術戦略ネットワーク
　　　　　　　発行者　　井　水　治　博
　　　　　　　発行所　　日　刊　工　業　新　聞　社
　　　　　　　　　　　東京都中央区日本橋小網町 14-1
　　　　　　　　　　　　　（郵便番号　103-8548）
　　　　　　　電話　書籍編集部　03-5644-7490
　　　　　　　　　　販売・管理部　03-5644-7403
　　　　　　　　　　FAX　03-5644-7400
　　　　　　　　　　振替口座　　00190-2-186076
　　　　　　　URL　https://pub.nikkan.co.jp/
　　　　　　　e-mail　info_shuppan@nikkan.tech
　　　　　　　　　　　印刷／製本　美研プリンティング(1)